주식으로 짠투자하라

주식으로
짠투자하라

1일 1만 원, 꾸준히 수익 내는 투자 습관

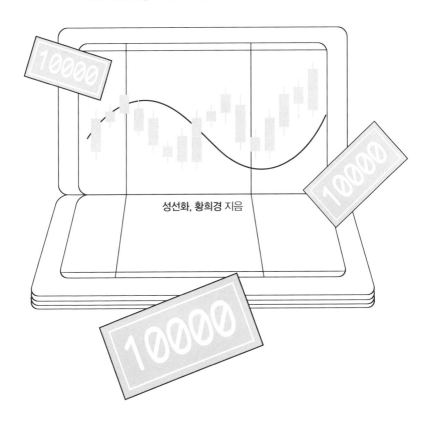

성선화, 황희경 지음

위즈덤하우스

> 우리의 목표는 소액이라도
> 적금처럼 꾸준히
> 투자수익을 쌓아나가는 거예요.

짠투자가 인생에 자유를 가져다줄 줄이야

여러분 안녕하세요. 다시 돌아온 '재테크의 여왕' 성선화입니다. 혹시 저를 아는 분들이 있다면 반가워요. 제가 쓴 책 《재테크의 여왕》은 당시 베스트셀러였어요. 그때 제 닉네임이 '친절한 성 기자' 였던 거 기억하시나요? 이 책 프롤로그 맨 마지막 부분에는 아래와 같은 문장을 썼습니다.

언니의 아십 잔 보료는 이 책을 읽는 남은 이들이
'마지막 투자 단계'에 진입하는 거야.
우리가 함께 사는 그 길은,
길고 외롭지 않을 거야!

이렇게 당차게 얘기했던 저의 지금 모습은 어떨까요? 여전히 갓생을 살고 있을지 궁금하지 않나요? 저는 2년 전 기자를 그만두고 제 이름을 건 회사를 차렸습니다. 철저히 계획한 퇴사 아니냐고요? 전혀 아닙니다. 더 이상 회사에 남아 열정을 쏟을 이유가 없다고 깨달은 순간, '아! 여기까지구나' 하는 느낌이 왔어요. 그리고 퇴사 결심 3일 만에 손으로 날려 쓴 사직서를 상사에게 던졌습니다. 얼마나 속이 후련하던지요!

여러분의 이런 반응이 머릿속에 그려지는데요. '멋있어요, 언니! 저도 너무너무 그만두고 싶어요. 그런데 저는 당장 다음 달 카드값 때문에 사표를 못 써요!' 이렇게 생각하는 사람이 많을 거예요. 직장인이라면 늘 가슴속 한편에 넣고 다니는 게 사표니까요. 제가 퇴사를 결심하고 그렇게 빨리 사표를 쓸 수 있었던 이유는 이미 그때 '월급 독립'에 성공했기 때문입니다. 월급 독립은 월급 없이 살아갈 수 있는 경제적 상태를 뜻해요. 그때 저는 회사를 그만둬도 투자로 월급만큼 벌 자신이 있었고, 부동산 상가에서 또박또박 월세도 나오고 있었어요. 회사에 다닐 때도 월급에 크게 연연하지 않았기 때문에 결심이 섰을 때 바로 나올 수 있었던 거죠.

그래서 지금 무슨 일을 하고 있냐고요? 진짜 하고 싶은 '내 일'을 하고 있습니다. 저는 고등학교 시절부터 기자가 되고 싶었어요. 글로써 사람들에게 정보를 잘 전달하는 전달자가 되고 싶었거든요. 그래서 만든 회사가 게으른 투자자들을 위한 발 빠른 경제 콘텐츠 프로바이더(Provider) '어썸인'이에요. 어썸인은 투자는 하고 싶지만 바쁜 직장생활 탓에 시간이 없는 투자자들을 위해 일주일에 한 번 발품을 대신 팔고, 100개에 달하는 증권사 리포트를 대신 읽고 검증된 정보를 제공하는 경제 콘텐츠 회사입니다.

타이틀은 달라졌지만 결국 제가 하는 일은 똑같아요. 독자들을 위해 기사를 쓴 것처럼, 열북이(어썸인에서 발행하는 '어썸레터'의 구독자)들을 위해 주 2회 레터를 발송합니다. 또 레터의 정보만으로 부족한 열북이들을 위해 눈높이에 맞는 경제 교육도 서비스하고 있어요. 이 정도면 그동안 제가 열심히 살아왔다고 인정할 만하지 않나요? 만약 그렇게 생각해주신다면 정말 뿌듯할 거예요.

퇴사하고 사업을 시작한 이후 진심으로 깨달은 게 있습니다. 금융투자로 월급만큼 벌 수 있다는 건 제 인생에 엄청난 자유를 준다는 사실이에요. 물론 이전에도 경제적 자유 달성이 선택의 자유를 가져온다는 사실은 이미 알고 있었어요. 하지만 그게 직업 선택의 자유, 하고 싶은 일을 할 수 있는 자유까지 이어질 줄은 몰랐습니다. 요즘은 자신이 원하는 걸로 충분히 독립할 수 있는 시대예요. 언론사에 소속되지 않고도 '글을 써서' 밥 벌어 먹고살 수 있다는 게 얼마나 감격스러운 일인지 몰라요. 이게 바로 MZ세대들이 최고의 목표로 삼는 '덕업일치'가 아닐까 싶습니다.

자, 이제 본론으로 들어가겠습니다. 오랜만에 다시 책을 쓴 이유는 독자 여러분과의 약속을 지키기 위해서예요. 앞서 이야기한 것처럼 모든 사람이 '투자의 단계'로 진입했으면 하는 바람 때문이죠. 저는 2015년부터 꾸준히 주식투자를 했고, 2021년 국내와 해외 주식으로 5,000만 원의 투자수익을 냈습니다. 그렇지만 늘 수익을 낸 건 아니에요. 팔랑귀처럼 남의 말만 듣고 투자했다가 손해를 보기도 했고, 한동안 나는 주식과는 맞지 않는다며 담을 쌓고 지낸 적도 있습니다.

그 후 저만의 투자 철학을 정립하게 됐습니다. 물론 이미 주식투자로 큰돈을 번 수많은 구루의 명언을 새겨듣는 것도 중요하지만 자신만의 투자 철학을 갖는 게 더 중요하다는 걸 깨달았죠. 그래야 돈을 잃어도 남 탓을 하지 않고 오롯이 제 경험이 되기 때문입니다. 이렇게 제가 지난 6년 동안 좌충우돌하며 터득한 투자법을 여러분도 익히게 되면 '무한한 선택의 자유'를 얻게 될 거예요.

지금부터 철저하게 실전투자 경험에서 나온 이야기를 하겠습니다. 바로 '주식으로 짠투자'를 하는 방법이죠. 주식으로 짠투자를 하는 건 소액을 투자해 꾸준히 수익을 내는 방법을 말합니다. 마치 적금처럼 장이 좋을 때나 안 좋을 때나 주식으로 별도 수익을 차곡차곡 쌓아나갈 수 있어요. 이 방법을 공부하고, 자기 것으로 만들어서 저처럼 멋지게 사표를 던져버리고 덕업일치의 삶을 사는 사람이 많아지길 바랍니다.

. . . .

안녕하세요. 이 책을 함께 집필한 황희경입니다. 2021년 8월 한창 코로나19로 어수선하던 시기에 저는 5년간 안정적으로 다니던 직장을 박차고 나왔어요. 당시 저는 '이제 뭐 해 먹고 살지?' 하는 걱정 반, '앞으로는 내가 관심 있는 일들을 업으로 삼아보자!' 하는 설렘 반으로 가득 차 있었어요. 때마침 어썸인의 채용 공고가 떴고, 운명처럼 어썸인을 만나게 됐습니다. 어썸인에 지원하면서 이런 결심을 했어요. 적성에 맞지 않아도 열심히 다녔던 '평범한 월급쟁이의 삶을 때려치우고, 새로운 인생 로드맵을 그려보자!'라고요. 제 최대 관심사는 재테크와 글쓰기입니다. 어썸인은 이 두 가지 꿈을 결합해서 성장할 수 있는 발판이라고 판단했어요.

사실 당시 저는 '업글하는 돈덕후'라는 필명으로 《우리는 결혼하고 부자가 되었다》라는 신혼부부 재테크 서적을 집필하고 있었어요. 책은 신혼부부와 사회 초년생들에게 나름대로 괜찮은 평가를 받았지만, 제 마음속 한편에는 늘 아쉬움이 남았죠. 바로 '투자'에 관한 것이었습니다. 투자를 좀 더 잘하고 싶다는 바람, 투자 실력이 부족하다는 사실에 대한 한계 체감, '더 발전 없이 이대로 정체되어버리면 어쩌지' 하는 두려움이 컸어요.

하지만 어썸인이 제 삶의 일부가 되기 시작하면서 조금씩 투자에 대한 자신감을 갖게 됐습니다. 더 정확하게 말하자면 고정관념을 깨고 새로운 도전들을 하게 된 거예요. 실제로 좋은 성과를 얻었고, 좋은 결과가 나오니 덩달아 자신감도 붙었습니다.

어썸인을 만나기 직전까지만 해도 저는 '주식은 무조건 장기투자만 옳다'라고 믿는 사람 중 한 명이었어요. 그랬던 제가 2022년 1월부터 이 책을 쓰기 시작하며 처음으로 단기 트레이딩을 시작하게 됐고, 이 글을 쓰고 있는 3월 말 기준으로 이미 300만 원가량의 투자수익을 냈습니다. 러시아-우크라이나 전쟁과 인플레이션으로 인해 2022년 1분기 주식시장이 얼마나 안 좋았는지는 아마 주식을 한 번도 해보지 않은 분들도 아실 거예요. 이렇게 장이 매우 좋지 않은 상황에서도 첫 투자 실적으로 매달 평균 100만 원 정도를 벌 수 있었습니다. '어썸 언니'와 함께 이 책을 쓰면서 배운 이론들을 실제로 투자에 적용해본 덕분이었죠.

누군가는 제가 특별한 케이스라고 생각할 수도 있어요. 하지만 결코 그렇지 않다는 걸 강조하고 싶습니다. 제가 어썸인을 알게된 뒤 제일 놀랐던 일 중 하나는, 바로 어썸인에서 진행한 투자 교육 프로그램 수강생 중에 이미 2021년 연봉만큼 수입을 올린 사람도 있었다는 사실이에요. 실제 사례 몇 가지는 이 책에서도 확인할 수 있습니다.

지금 이 책을 선택한 모두가 책의 내용을 잘 활용해서 투자를 실천한다면, 웬만큼 시간을 내서 다른 부업을 하는 것보다는 주식 투자를 잘하는 게 직장인이 부수입을 올리는 최고의 방법이라는 것을 알게 될 거예요. 더 나아가 독자 여러분이 이 책을 통해 어썸 언니처럼 '월급으로부터의 독립'까지 이뤄낼 수 있다면 좋겠습니다. 그리고 조금 더 욕심을 내보자면, 책을 덮을 때쯤에 "올해 최고의 투자는 이 책 한 권을 읽은 거야"라고 말할 수 있다면 정말 행복할 것 같아요.

자, 이제 매일 주식으로 수익 내는 습관을 만드는 짠투자 여정을 시작해볼까요?

차례

1장

짠투자로 혼자서도 맞벌이하기

100만 원으로
하루에 1만 원 벌기 프로젝트

앞으로 이 책을 통해 여러분에게 전수할 노하우는 '하루에 1만 원 벌기'입니다. '하루에 1만 원'이라고 하면 '너무 적은데? 1만 원은 야근만 좀 더 해도 충분히 벌 수 있는 액수인데'라고 쉽게 생각할 수도 있어요. 하지만 중요한 건 돈의 액수가 아니에요. 노동하지 않아도, 회사에 출근하지 않아도 '머리'로 벌 수 있는 방법이죠. 머리를 써서 돈을 버는 것이 결코 쉬운 일은 아닙니다. 하지만 머리로 돈을 벌면 노동으로 버는 게 아니기 때문에 시간과 장소에 얽매이지 않을 수 있어요. 이게 중요한 포인트입니다.

얼핏 들으면 1만 원이란 숫자에 집착할지 몰라요. 하지만 꼭 1만 원만 벌겠다는 의미가 아닙니다. 시작을 '하루에 1만 원 벌기'로 한다는 것뿐이에요. 소액으로 시작해 점점 투자 실력이 쌓이고, 투자금이 커지면 하루 1만 원이 아닌, 하루 100만 원도 가능하죠.

게다가 지금 당장 100만 원만 있어도 시작할 수 있어요. 대부분의 재테크 책들은 처음 종잣돈을 강조합니다. 적어도 1,000만 원을 모아야 투자를 시작할 수 있다고 하죠. 그런데 이제 막 직장 생활을 시작한 사회 초년생들에게 1,000만 원은 1년 이상 힘들게 모아야 하는 돈이에요. 지금부터 제가 알려줄 '100만 원으로 하루 1만 원 벌기' 프로젝트는 단돈 100만 원만 있어도 지금 당장 시작할 수 있습니다.

만약 여러분에게 100만 원보다 더 큰 종잣돈이 있더라도 처음 시작은 최대 100만 원으로 했으면 해요. 투자에 익숙하지도 않은데 괜히 욕심을 부렸다간 낭패를 볼 수 있기 때문입니다. 주식은 실수로 대량 매수를 하거나, 대량 매도를 할 수 있어요. 자칫 잘못하다가 실수로 투자금이 아예 사라지거나, 반대로 눈덩이처럼 불어나기도 합니다. 매도와 매수 버튼을 누르기 전에 신중해야 하는 이유죠. 특히 물타기(하락하고 있는 주식의 평균 매수 단가를 낮추기 위해 추가 매수하는 행위)를 하다가 투자금이 많아지는 경우가 종종 있는데, 이 경우 손실을 만회하기가 상당히 힘들어요. 이런 불상사를 미연에 방지하려면 소액으로 시작하는 게 좋습니다.

티끌 모아 태산, 절대 불변의 투자 법칙

흔히 절약의 미덕을 강조할 때 '티끌 모아 태산'이라는 표현을 쓰곤 합니다. 투자를 할 때도 이 말은 새겨들을 만해요. 사람들은 절약에 대해서는 푼돈이 모여 큰돈이 될 수 있다는 사실을 쉽게 받아들입니다. 하지만 투자에 있어서는 유독 이런 방법이 잘못됐다고 생각하죠. 투자를 할 때는 일확천금과 같은 '한 방'을 노리는 사람이 많습니다. 실제로 유튜브의 투자 카테고리를 조금만 둘러봐도 1,000만 원으로 수억 원, 수십억 원을 만들었다는 얘기들이 있으니 '티끌 모아 태산'이라는 말이 고구마 백만 개를 먹은 듯 답답하게 느껴질 수 있어요.

실제로 제 2021년 투자수익을 공개하면, 2021년 한 해 해외계좌 수익률은 약 30%, 국내 계좌 수익률은 20% 이상입니다. 해외와 국내 주식에서 얻은 투자수익이 각각 2,810만 원과 1,890만 원

해외주식잔고	**실현손익**	예상손익	예수금
외화/원화	기간		종목
원화	2021-01-01 ~2021-12-01		Q
실현손익		28,132,324 원	더보기

2021년 해외 주식투자 수익

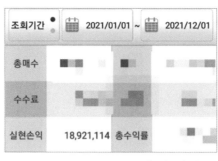

조회기간	📅 2021/01/01	~	📅 2021/12/01
총매수			
수수료			
실현손익	18,921,114	총수익률	

2021년 국내 주식투자 수익

으로 총 4,700만 원 정도이고, 투자금은 국내와 해외가 각각 약 1억 원 미만이에요.

물론 투자 수익금이 천만 원 단위가 넘으니까 한 번에 큰돈을 벌었다고 생각할 수도 있어요. 하지만 절대 그렇지 않습니다. 제 주식투자 철학을 한마디로 표현하자면 딱 하나예요. 바로 '티끌 모아 태산'입니다. 매일매일 트레이딩을 하며 소액으로 수익을 냈 던 투자금이 쌓여서 큰 금액이 된 거죠.

그러니까 여러분도 처음부터 대박을 노리는 욕심은 금물입니 다. "개미는 뚠뚠 오늘도 뚠뚠 열심히 일을 하네 뚠뚠~"〈개미의 하루〉라는 노래처럼 일단 주식투자 방법에 대해 제대로 배운 뒤, 100만 원이라는 돈을 여러 번 굴려서 소소한 수익들을 매일 만들 고, 이를 야금야금 모으는 거예요. 절약에서도 물론이고, 투자에서 도 티끌 모아 태산이 정답이라는 점을 꼭 기억해야 합니다.

적금 대신
적금처럼 주식하기

"좋은 기업의 주식을 모으고, 팔지 말고 오래 보유하라."

가치투자의 대가로 유명한 워런 버핏(Warren Buffett)의 말이에요. 버핏은 주식에서 복리의 마법을 누리기 위해서는 계속해서 사고팔기보다 장기로 보유할 때 큰 수익을 낼 수 있다고 했습니다. 워런 버핏식의 장기투자는 투자자들 대부분이 바이블처럼 받아들이는 조언이죠.

이쯤 되면 한 가지 의문이 생길 거예요. '그런데 왜 이 책에서는 정반대로 얘기하고 있나요?'

여기에 대한 대답을 하기에 앞서 여러분에게 물어볼 게 있습니다. 장투는 선(善)이고, 단타는 악(惡)이라는 이분법적 사고방식은 어떻게, 왜 가지게 되었나요? 단타를 죄악시하는 생각은 스스로 하게 되었나요? 직접 투자를 해보고 한 생각이 맞나요? 만약 스스로 오랜 기간 장투와 단타를 직접 해보고 자신만의 투자 철학으로 정립했다면 괜찮습니다. 완전히 인정해요. 하지만 초보 투자자들이 무조건 '장기투자만 옳다!'라고 생각하는 것은 성급한 일반화의 오류입니다. '단기투자'의 장점을 모두 외면해버린 너무나 극단적인 사고방식이죠.

무조건 '장투'는 무책임한 얘기

장기투자를 해서 큰돈을 벌 수 있는 방법이 있습니다. 다음과 같은 두 가지 경우가 대표적이죠.

첫째, 개발도상국의 주식입니다. 예전의 한국과 같이 중국, 베트남, 인도네시아, 인도 등 아직 성장 가능성이 무궁무진한 국가의 1등 주식을 사두면 10년 뒤 몇 배로 벌 수 있었어요. 한국 주식시장도 40년간 30배로 성장했기에, 현재 1980년대의 한국 경제 수준을 가진 국가라면 장기투자를 할 만합니다.

둘째, 선진국의 우량기업 주식입니다. 미국이나 유럽권의 선진국 우량주는 매수한 뒤 우직하게 가지고 있기만 해도 기업이 알아서 성장하며 주주들에게 수익을 안겨줍니다. 단, 우량주라고 다 주가가 오르는 것은 아니기에 기업을 잘 선별해야 하죠. 2022년 상반기 미국 시장이 20% 이상 하락했어요. 이건 정말 20년 만에 처음 있는 일인데, 이 와중에도 선방한 종목은 애플 정도밖에 없었습니다.

이렇게 장기로 보아 수익을 내기 위해서는 국가도, 기업도 정말 잘 골라야 합니다. 따라서 '장기투자가 옳다'라는 사고방식에만 갇혀 '주식투자=장기투자'라는 프레임에 갇히면 쉽게 주식투자에 흥미를 잃게 될 거예요.

그렇다면 단기투자의 장점은 무엇일까요? 그건 바로 '리스크 관리'입니다. 미래의 수익률이 어떻게 될지 모르니 현재 시점에 매도를 해서 일단 수익을 확정 짓는 거죠. 멀리 갈 것도 없이 지난해 제 수익금만 봐도 알 수 있어요. 앞서 국내외 주식투자 수익금이 5,000만 원이었다고 했는데, 만약 주식을 안 팔고 2022년까지 계속 보유했다면 어떻게 됐을까요? 2021년에 번 수익금을 고스란히 토해냈겠죠. 수익이 났을 때 이익을 실현했기 때문에 수익금이 될 수 있었던 거예요. 철저한 리스크 관리 차원에서 주식 매도 후 손익을 실현했기에 수익이 온전히 수익으로 남을 수 있었습니다.

결론적으로 장기투자가 좋고, 단기투자는 나쁘다는 고정관념을 버려야 합니다. 실제로도 많은 주식투자자가 장기투자와 단기투자를 병행하곤 해요. 앞서 얘기한 두 가지 조건에 해당하는 종목을 선별하여 장기투자로 가져가되, 나머지 주식들은 단기 트레이딩을 통해 수익을 실현하며 리스크 관리를 하는 거죠. 이 경우 워런 버핏의 말대로 장기투자를 통해 복리의 이득도 누리면서, 단기투자를 통해 현금흐름도 쏠쏠하게 만들 수 있으니 일석이조의 효과를 낼 수 있습니다.

앞으로는 '10년 이상 장투하라'는 말을 무조건 맹신하지 않기를 바랍니다. 그 긴 시간 동안 기업이 없어질지, 상장폐지가 될지는 아무도 모를 일이니 말이죠. 시장을 지속적으로 관찰하면서 대응해나가는 게 중요해요. 단기투자를 하며 기회가 있을 때마다 수익을 실현하려면 계좌를 방치해선 안 됩니다. 마치 반려동물을 키우듯 사랑과 정성으로 키워야 하죠.

주식으로 꾸준히 현금흐름 만들기

지금까지는 제 얘기에 고개를 끄덕이며 어느 정도 수긍했을 거예요. 그러면서도 '어떻게?'라는 의문이 머릿속에 맴돌겠죠. 여전히 '적금 대신 적금처럼 주식하라'는 말이 잘 와닿지 않을 수 있습니다. 적금처럼 주식투자를 한다는 건 도대체 뭘까요?

지금부터 그 의미를 찬찬히 설명할 테니 귀 기울여보세요. 적금을 붓듯이 또박또박 주식투자를 해서 현금흐름을 창출하라는 의미입니다. 우리가 적금은 1만 원, 10만 원씩 해도 전혀 이상하게 생각하지 않죠. 하지만 주식으로 1만 원, 10만 원씩 벌라고 하면 "에계?"라고 반응해요. 적금처럼 주식하기는 하루 1만 원, 5만 원, 10만 원씩 버는 투자법으로, 1년 수익률을 10% 이상 달성해나가는 거예요. 실제로 100만 원을 굴려 하루 300원씩만 벌어도 1년 수익률이 10%나 됩니다.

곰곰이 생각해보세요. 하루 300원이란 수익이 얼마나 우습게 느껴지는지! 그런데 그 푼돈을 매일 모으면 1년 수익률이 10%에 달하고 저축금은 10만 원이 됩니다.

연 10%라는 수익률이 얼마나 대단한 건지 알고 있나요? 2022년 출시된 '청년희망적금' 이야기입니다. 정부 보조금을 포함하여 2년간 연 10%의 혜택을 준다고 하자 290만 명이 가입했습니다. 처음 정부가 예상한 가입자 수는 38만 명에 불과했죠. 상품의 내용을 찬찬히 뜯어보면 별 게 아닐 수 있어요. 최대 납입 가능한 금액이 1년간 600만 원, 2년간 총 1,200만 원에 그치니까요. 하지만 10%라는 이자 수익률에 너도나도 앞다퉈 몰려든 거예요.

2022년 들어 기준금리가 상승추세이긴 하지만 여전히 적금 금리는 3% 미만입니다. 연 5% 금리 상품도 찾아보기 힘든 게 현실이죠. 이런 고금리 상품은 납입 금액 한도가 있습니다. 여기에 납입 기간도 길면 3년이죠. 은행들도 밑지면서 장사할 순 없으니까요.

그래서 적금처럼 주식 투자하기가 필요합니다. 제대로 주식투자 방법을 배워두면 적금보다 더 높은 수익률은 물론, 매년 10%씩 꾸준하게 현금흐름을 만들어낼 수 있어요. 지금까지 한 번도 주식투자를 해본 적이 없다면 확신이 없을 거예요. '내가 과연 가능할까? 혹시 내가 주식 똥손이면 어떡하지?' 하고 말이에요. 물론 타고나길 투자 감각이 뛰어난 사람도 있어요. 그런 사람들은 자산운용사나 투자자문사에서 전문적으로 투자를 하는 직업을 가지길 권해요.

우리는 타고난 재능이 탁월하지 않은 일반인들을 대상으로 합니다. 천재가 아니어도 노력하면 어느 정도 수준까진 올라갈 수 있죠. 우리가 주식투자로 떼돈을 벌고, 인생 역전을 하겠다는 게 아니니까요. 우리의 꿈은 소박(?)합니다. 궁극적으로는 '월급만큼 투자수익'을 내고 월급에서 독립하는 거죠.

하락장에서 더 빛나는 투자법

이쯤에서 이런 의심이 생길 수도 있어요. '결국 2021년까지는 주식시장이 전반적으로 상승했기 때문에 수익을 낼 수 있었던 거 아닌가요? 하락장에서도 수익을 낼 수 있는 거 맞나요?' 하고 말이에요. 한편으로는 맞습니다. 주식투자는 시장 자체가 좋아야 성공 확률이 높아지니까요. 전체 주식시장이 오르는 대세 상승장에 있을 때 주식으로 돈을 벌기가 훨씬 쉽죠. 실제로 2020년, 2021년은 "주식시장에 돈을 넣어두기만 해도 벌었다"라는 말이 있었을 정도로 주식으로 수익을 내기 쉬운 시장이었습니다.

하지만 대세 하락장인 2022년, 주변에 돈 번 사람이 있는지 둘러보세요. 예전에 비해 수익을 인증하는 사람이 확 줄었을 거예요. 2022년 상반기 동안 미국 S&P500 지수는 20.6%가 빠져서 '52년 만의 최악의 상반기'를 기록했습니다. 코스피 수익률도 마찬가지로 21.66%가 하락했고, 증시 부진으로 같은 기간 주식 결제 대금도 27.3%나 쪼그라들었어요. 이런 상황에서는 수익률이 전체 시장이 빠진 약 –20%보다 조금만 덜 빠졌더라도 선방한 거라고 할 수 있어요.

하지만 저는 2022년 현재도 적극적인 단기투자와 리스크 최소화를 통해 투자수익을 실현했습니다. 2022년 상반기 투자 수익금이 1,200만 원에 달하죠. 해외 주식의 투자수익이 국내보다 더 많고, 공모주 투자 수익금도 있습니다. 물론 시장이 좋았던 2021년 상반기에 비해선 적은 수준이지만, 수익을 실현했다는 게 중요해요. 만약 제가 장기투자를 고집하고 적극적으로 수익 실현을 하지 않았다면 2022년 투자 수익금은 꽝이었을 거예요. 결국 시장이 좋든, 좋지 않든 간에 꾸준히 수익을 낼 수 있는 게 중요합니다.

짠투자 실전
성공 사례

'진짜로 이 책을 보고 따라 한다고 해서 언젠가 월급만큼 수익도 낼 수 있을까?' 하고 의문을 품는 분도 계실 것 같습니다. 요즘 세상은 인증하지 않으면 믿어주지 않으니까 실제 사례를 인증해볼 게요.

다음은 '어썸인'에서 진행한 투자 교육반에서 이 책과 동일한 커리큘럼대로 교육을 받은 이들의 2021년 실전투자 성공 사례입니다. 독자 여러분과 비슷한 '주식 초보'였던 멤버들이 1년 정도 투자 공부를 한 후 월급만큼 투자수익을 내는 단계로 발전했어요. 물론 모든 멤버가 다 월급만큼 투자수익을 낼 수 있었던 건 아닙니다. 아끼고 절약하는 기초 단계부터 정말 성실하게 과정을 밟았던 멤버들이 투자 단계에서도 큰 수익을 낼 수 있었죠. 타고난 투자 감도 필요하겠지만, 성실하게 노력하면 누구나 일정 수준까지 올라갈 수 있다는 걸 보여주는 사례이기도 합니다. 결국 성실하기만 하면 여러분도 할 수 있다는 이야기입니다. '내가 할 수 있을까?' 하고 의심하기보단 '나도 지금 할 수 있을 거야'라는 자신감을 가져보세요. 이제는 여러분이 주식과 맞벌이를 시작할 차례입니다.

사례 1. 1년에 2,500만 원, 주식으로 사회 초년생 연봉을 벌다

투자반 수강생 유미 님의 이야기를 들어볼까요?

• • •

저는 《월세의 여왕》을 읽고 성선화 대표님의 팬이 됐습니다. 그때가 2012년이니까 벌써 10년이 흘렀네요. 《월세의 여왕》을 읽고 부동산투자를 시작했고, 불과 2년 전까지도 주식투자는 하지 않았습니다. 하지만 지금 저는 완전히 다른 사람이 된 것 같습니다.

2021년 제가 한 일 중에 '가장 잘한 일 베스트 3'는 다음과 같습니다. 첫째, 투자 교육반 시작. 둘째, 2월과 3월에 진행된 어썸인 ETF 기초·실전 강의 수강. 셋째, 어썸레터를 따라 주식투자를 실천한 일입니다.

어썸인을 만나기 전 제 주식투자 수준은 일명 '묻지마 투자'였어요. 용돈 번다는 생각으로 간간이 하긴 했지만, 투자에 대한 기본 개념이 없이 '그냥' 하는 수준이었죠. 그러다 보니 수익이 나도 더 오를까 싶어서 매도를 못 하고, 손실을 보면 아까우니 못 팔았습니다. 그렇게 제대로 된 매매 없이 주구장창 손해만 봤어요.

어썸레터와 대표님의 라이브 방송을 보면서 증권계좌를 개설했습니다. 이후 투자반에서 대표님의 실전 매매법(매도·매수 노하우)에 대해 배우다 보니 조금씩 실력이 늘기 시작했죠. 특히 수익 실현에 있어 '티끌도 모이면 티끌이 아니다'라는 마인드가 중요하다는 것도 알게 됐습니다. 제가 그때까지 수익을 내지 못했던 이유가 이익을 실현해 확정 짓지 않았기 때문이란 사실도 깨닫게 됐어요. 그 후 어느 정도 수익이 나면 반드시 실현하려고 노력했고 그 결과, 그동안은 상상도 할 수 없었던 투자수익을 냈습니다. 공모주의 '공'자도 모르던 제가 공모주를 통해 쏠쏠한 수익을 내고, 주식으로 월급만큼 든든한 현금흐름을 만들다니… 아직도 믿기지가 않네요.

이쯤 해서 제 투자 수익금을 공개하겠습니다. 2021년 1월에서 11월까지의 주식투자 실적은 국내 1,377만 2,949원과 미국 1,158만 67원으로, 합산 수익 2,535만 3,016원입니다. 총 투자금은 국내 5,000만 원, 미국 4,000만 원 정도입니다. 실제 수익률로 계산하면 국내 27.5%, 미국 29%입니다.

물론 2021년 장이 좋았기 때문에 그 정도 수익은 다 낼 수 있었던 거 아니냐고 반문할 수 있습니다. 하지만 40년 만에 최악의 시장상황을 경험한 2022년 상반기에도 1,000만 원에 달하는 투자수익을 냈습니다. 2022년 수익률은 2021년에 비해 3분의 1 수준이지만, 시장 전체가 20% 이상 빠지는 상황에서도 투자수익을 실현했다는 사실이 중요하다고 생각합니다.

무엇보다 저는 투자 자신감을 크게 얻었습니다. 옛날에는 여윳돈이 생겨도 대출금 상환 말고는 할 게 없었는데, 지금은 주식을 모으고 있어요. 2023년엔 국내 비중을 좀 줄이고 미국으로 비중을 확대해보려 합니다. 기적은 행동하는 사람에게 찾아온다고 하죠. 머리로 아는 것에서 그치지 않고 열심히 따라 하다 보면 언젠간 '내가 이렇게 큰 수익을 낼 수 있다고?' 하며 놀라는 날이 올 거라 믿습니다. 이 책을 읽는 독자 여러분도 책에서 배우는 내용을 꼭 내 것으로 만들어서 '주식과 맞벌이하기'에 성공했으면 좋겠습니다. _투자반 수강생 유미

사례 2. 매달 100만 원의 주식투자 수익을 내다

이 책의 공동 저자인 저 황희경의 이야기입니다.

• • •

저는 그동안 '주식투자는 노후 대비를 위한 것'이라는 공식을 갖고

살아왔어요. 즉 단기투자는 '투기'에 가깝다는 생각으로 금기시해 왔습니다. 어썸인을 만나기 전까지 말이죠. 아마 이 책을 읽는 독자 여러분들 중에서도 저와 비슷한 생각을 하면서 투자를 해온 분이 많으리라고 생각합니다. 그렇다면 더 제 얘기에 집중해주세요.

성선화 대표님과 처음으로 주식투자에 대해 이야기를 나누었던 날 받았던 충격을 잊을 수 없어요. 대표님은 1억 원이라는 종잣돈을 통해 이미 6개월 만에 웬만한 직장인 연봉의 수입을 얻고 있었습니다. 주식으로 꾸준한 현금흐름을 만들 수 있다는 것을 처음 제대로 깨달았던 순간이었어요.

이외에도 직장을 다니면서도 주식으로 월 100만 원의 부수입을 번 수강생의 이야기, 1년간 2,500만 원의 주식투자 수익을 이룬 수강생의 이야기 등 많은 투자 성공 사례들을 접하면서 그동안 제가 주식투자에 대해 무지했다는 사실을 인정할 수밖에 없었습니다.

저는 국내 중견기업의 베트남 지사에 근무하면서 나름 꾸준히 경제 뉴스를 읽어왔지만, 주식투자에 있어서만큼은 우량주 장기투자를 한다는 이유로 섹터(회사 업종) 및 기업 공부에 소홀했어요. 여기서 한 가지 확실히 해야 할 것은, 장기투자를 한다고 해서 섹터와 기업 공부를 대충해도 되는 건 아니라는 점입니다.

고백하건대 회사 일만으로도 바쁘다 보니 주식투자 공부에 더 많은 시간을 내기가 힘들었고, 결국 이런 마음이 당장 공부를 조금 덜 해도 티 나지 않는 장기투자를 고집하게 된 원인이었던 것 같아요. 아마 저뿐만 아니라 다른 직장인들도 비슷한 이유이자 변명으로 장기투자를 하고 있으리라 생각합니다.

어썸인에 입사한 이후, 매주 금융레터를 발행하기 위해 기업의 이슈들을 자연스럽게 따라갔어요. 경제 흐름은 물론, 섹터별, 종목별 이슈들을 파악하지 않고선 일을 할 수가 없기 때문이죠. 그렇게 하나씩 제대로 공부를 해가면서 그간 시간이 없다는 핑계로 단기투자를 외면하고, 제대로 공부하지 않은 스스로를 반성하게 됐

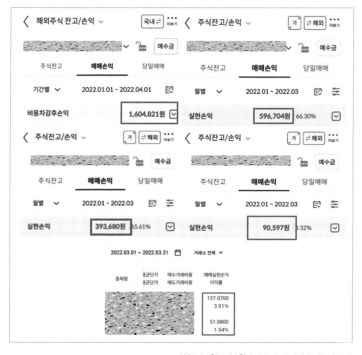

2021년 1월부터 3월까지 국내 및 해외 주식투자 수익

습니다.

거기다 이렇게 공동 저자로 집필까지 하다 보니 욕심이 생겼어요. '나도 할 수 있지 않을까?' 하는 자신감 말이죠. 회사 일을 하면서, 책을 쓰면서 틈틈이 실천하려고 노력했어요. 그 결과 스스로도 믿기 어려운 결과를 얻게 됐습니다.

2022년 1월부터 3월까지, 이 책의 초안을 집필한 약 3개월간 책을 쓰며 배운 것들을 투자에 적용한 결과, 약 290만 원이라는 투자수입을 만들 수 있었어요. 월평균 100만 원 수준이죠. 본업 수입을 올리거나, 부수입을 통해 얻기 힘들다고 볼 수 있는 '월 100만 원'을 주식투자로 실현한 것입니다. 특히 전 세계 증시가 고꾸라지는 와중에도 배운 것을 활용해 투자수익을 창출할 수 있었던 것 자체가 제게는 정말 잊을 수 없는 경험이에요.

이 책에는 '스스로 물고기를 잡는 방법'이 고스란히 담겨 있어요. 지금의 트렌드만을 좇는 것이 아닌, 시간이 흘러도 유효한 공부 방법입니다. 이 책을 읽은 독자 여러분이 단돈 1만 원일지라도 누군가에게 의존하지 않고 직접 주식으로 투자수익을 내는 당당한 투자자가 되시길 진심으로 바랍니다. _공동 저자 황희경

2장

ETF로 주식보다 쉽게 짠투자하기

금융투자를 위한
기본기

1장을 읽은 독자 여러분의 마음은 벌써 들떠 있을 거예요. 도대체 어떻게 해야 시장이 좋든 안 좋든 수익을 낼 수 있는지 무척 궁금하겠죠. 하지만 지금은 잠시 흥분을 가라앉히고 냉정하게 두뇌를 풀가동해야 합니다. 머리로 돈을 번다는 건 결코 쉬운 일이 아니거든요.

자, 이제부터 본격적으로 주식투자를 위한 기본적인 이론 공부를 시작하겠습니다. 그에 앞서 여러분들이 장착해야 할 능력이 있어요. 바로 '상상력'입니다. 주식 공부를 하는데 무슨 상상력이 필요하냐고요? 제 얘기를 잘 들어보세요. 주식은 기본적으로 눈에 보이지 않는 추상의 시장에 투자하는 거예요. 부동산보다 주식 공부를 어려워하는 이유는 보이지 않는 금융시장을 이해해야 하기 때문이죠. 볼 수 없는 시장을 읽어내려면 상상력이 필요합니다.

제 전작인《재테크의 여왕》책에서도 상상력이 필요하다고 말했어요. 지금 내가 아끼고 절약한 이 푼돈이 모이고 쌓여서 얼마나 큰돈이 될 수 있는지를 상상할 수 있어야 한다고 말이죠. 그래야 중간에 포기하지 않고 재테크를 계속할 수 있거든요.

그런데 주식투자를 하려면 여기서 한 단계 업그레이드가 돼야 합니다. 인류가 보이지 않는 시장을 이해하기 위해 만든 게 바로 숫자예요. 안 보이는 추상의 세계를 이해하려면 숫자가 처음 탄생했을 때처럼 '무에서 유를 만드는' 지표가 필요합니다. 이를 기준으로 삼아서 투자를 할 수 있는 거예요.

구체적으로 설명해볼게요. 금융투자를 잘하려면 추상적인 세상을 구체화된 세계로 읽어내는 능력이 필요합니다. 추상을 표현하는 숫자를 보고 그 안에 포함된 구체적인 내용들을 떠올릴 수 있어야 하죠. 0과 1의 디지털 암호로 나타낸 표현을 보고 아날로그로 재해석할 수 있어야 한다는 거예요.

주식투자 알려준다면서 너무 철학적인 거 아니냐고요? 하지만 어떤 공부를 하든지 먼저 원리를 이해하는 게 중요합니다. '라떼 시절 TMI'를 말하자면, 저는 정말 추상의 세계를 이해하는 데 취약인 사람이었어요. 학창 시절 언어 점수에 비해 수학 점수가 너무 안 좋았죠. 한국에선 국영수를 다 잘해야 원하는 대학에 갈 수 있잖아요. 그래서 저는 잘하지 못하는 수학 공부를 훨씬 더 열심히 했어요. 심지어 고등학생 때 초등학교 수학 교과서를 다시 공부하기도 했는데, 그때서야 깨달았습니다. 암기를 하는 게 아니라 원리를 이해하는 게 중요하단 사실을 말이죠.

지수를 알면 금융투자는 게임 끝!

너무 멀리 왔죠? 결국 주식 공부도 원리를 이해하는 게 중요하다는 말을 하고 싶었어요. 주식투자의 기본 원리는 '지수'입니다. 지수를 이해하면 금융시장의 기본 원리를 다 이해하는 것과 같아요. 저는 상장지수펀드(ETF)를 알려주기 전에 항상 '지수란 무엇인가?'를 얘기합니다. 과연 지수란 뭘까요? 이렇게 질문을 하면 사람들 대부분이 열심히 인터넷을 검색하는데, 검색 결과 '블랙핑크 지수'가 가장 많이 나와요. 그래서 질문이 되돌아옵니다. "인터넷 검색을 해도 모르겠어요. 도대체 지수가 뭔가요?"

지금부터 지수에 대해 자세히 설명할 테니 잘 들어보세요. 지수는 영어로 인덱스(Index)라고 해요. 지수는 추상 세계의 특정 상태를 하나의 숫자로 표현한 거예요. 예를 들어 누군가 여러분에게 오늘 기분이 어떠냐고 묻는다면, 최상의 컨디션은 아니지만 그렇다고 아주 나쁘지도 않은 중간 정도 되는 것 같다는 식으로 구구절절 설명할 수 있어요. 하지만 최악인 기분을 0, 최고인 기분을 10으로 정하여 표현하면 중간인 5 정도가 될 거예요. 오늘의 기분은 0과 10의 중간인 5인 거죠. 이렇게 표현하면 인간미는 좀 떨어지지만 아주 똑떨어지게 의사 표현을 할 수 있어요.

이를 금융시장에 적용해볼게요. 금융시장의 상태를 하나의 숫자로 표현한 게 바로 지수, 즉 인덱스입니다. 금융시장의 상태란 또 뭘까요? 평소에도 이렇게 꼬리에 꼬리를 물면서 스스로에게 질문을 던지는 연습이 필요해요. 금융시장의 상태란 아주 다양한 경우가 있을 수 있는데, 일반적으로는 주식시장을 말합니다. 주식시장은 투자자들이 사고팔 수 있는 기업들이 모여 있는 곳이에요. 이렇게 주식시장에서 매매 가능하게 만드는 걸 상장(IPO)이라고 하는데, 시장에 공개되지 않은 주식은 사고팔 수 없습니다. 비상장 주식은 부동산처럼 개인 간의 사적 거래에 속해요.

다시 주식시장으로 돌아오겠습니다. 인덱스로 표현된 시장의 상태라는 건 결국 시장에 속한 기업들의 전체 상태를 의미해요. 특정 개별종목의 특수한 상태가 아니라, 시장 전체의 컨디션을 종합해서 나타낸 게 바로 지수인 거죠. 그럼 시장의 상태란 뭘까요? 주식시장의 컨디션은 오르거나 내리거나 가만히 있거나 해요. 사실 가만히 있는 경우는 거의 없고 오르내립니다. 중요한 건 주식시장이 늘 변한다는 거예요. 전날보다 오르기도 하고, 떨어지기도 하죠. 이렇게 오르락내리락하는 개별종목들의 상태를 '하나로 아우르는' 숫자가 바로 인덱스인 거죠. 어떤가요? 이렇게 이해하니까 무척 쉽죠?

지수에 대해 좀 더 자세히 공부해볼게요. 주식시장의 컨디션을 하나의 숫자로 나타낸다고 했는데, 그럼 먼저 알아야 할 게 있어요. 바로 주식시장에 속한 개별종목들입니다. 숫자로 표현된 이 상황이 어떤 개별종목들을 아울러 표현한 건지를 알아야 하죠. 그래서 지수 공부의 첫걸음은 지수를 구성하는 개별종목 또는 기초자산을 살펴보는 겁니다. 일반적으로 시장에 속한 기업들을 한 덩어리로 묶어서 표현하기도 하지만, 특정 기초자산을 지수로 표현하기도 해요. 환율, 원자재, 채권 등 다양하죠. 강조하고 싶은 건 뭐가 됐든 지수로 표현할 수 있게만 만들면, 이를 기준으로 하는 투자상품을 얼마든지 만들 수 있다는 거예요.

예를 들어 학교에서 반별 성적 대항전을 한다고 할게요. 개인별로 전교 1등과 전교 꼴찌는 있겠지만 반별로 평균 성적을 내겠습니다. 이때 각 반의 평균 성적은 그 반에 속한 친구들의 성적을 다 종합하는 거예요. 이때 공부를 잘하든 못하든 상관없이 총점을 인원수로 나누는 걸 산술평균이라고 하고, 공부 잘하는 친구의 점수 비중을 높게 만드는 걸 가중평균이라고 해요. 산술평균일 땐 한 명의 특출한 친구가 있는 것보다 평균적으로 공부를 어느 정도 하는 친구가 많은 게 유리해요. 하지만 가중평균일 땐 전교 1등이 속한 반이 유리합니다.

다시 금융시장으로 돌아와서 지수, 즉 인덱스는 각 반의 평균 성적이라고 할 수 있어요. 반의 구성을 어떻게 하느냐가 시장의 성격을 나타내죠. 여기서 깜짝 퀴즈를 내겠습니다. 국내 주식시장에는 어떤 반(지수)들이 있을까요? 이건 너무 쉬운 질문일 거예요. 국내의 대표적인 지수는 코스피 지수입니다. 그리고 코스닥 지수도 있어요. 일반적으로 코스피 지수에는 대형주가 많고, 코스닥 지수에는 소형주가 많다는 걸 알 거예요. 코스피는 대형주 약 800개의 주가를 가중평균한 것이고, 코스닥은 소형주 약 1,500개의 주가를 가중평균한 거예요. 여기서 가중평균이라는 게 포인트인데, 반에서 공부 잘하는 아이들의 성적이 더 많이 반영된다는 겁니다. 코스피와 코스닥 지수에서 상위권에 있는 큰 종목들의 주가가 더 많이 반영된다는 뜻이에요.

그렇다면 코스피 지수라는, 반에서 상위 10등 기업은 어디일까요? 삼성전자, LG에너지솔루션, SK하이닉스, 삼성바이오로직스, NAVER, 현대차 등이에요. 앞으로 독자 여러분의 머릿속엔 '코스피 지수=삼성전자, LG에너지솔루션, SK하이닉스, 삼성바이오로직스, NAVER, 현대차'라는 공식이 자연스레 떠올라야 해요. 이게 바로 앞에서 설명한 추상의 구체화입니다. 코스피 지수로 나타난 하나의 숫자만으로 그 안에 포함된 기업들의 컨디션을 상상하는 능력이 필요한 거죠.

이렇게 주식투자를 할 때 나침반과 같은 역할을 하는 게 바로

'지수'입니다. 주식 책을 많이 읽었지만 지수에 대해서 저만큼 강조하는 전문가는 보지 못했어요. 제가 이토록 지수를 강조하는 이유는 지수가 주식 공부의 시작이라고 생각하기 때문입니다. 시작이 반이란 말이 있듯이 지수를 제대로 이해하면 주식투자가 훨씬 수월해져요.

만약 지수가 없다면요? 시장 전체에 투자하려면 어떻게 해야 할까요? 한국에 있는 기업들을 1주씩 다 사야 할 거예요. 얼마나 힘들고 귀찮은 일일까요? 삼성전자 1주, 현대차 1주, 삼성바이오로직스 1주…. 800여 개에 달하는 종목들을 일일이 다 사야 하는 거죠. 그럼, 다시 정리해보겠습니다.

① 지수는 시장 전체의 상황을 '하나의 구체적인 숫자'로 나타낸 거예요
여기서 중요한 게 '하나의 숫자'인데, 이 하나의 수치만으로 시장의 상태를 나타낼 수 있어요. 앞에서 자세히 설명했지만, 한 번 더 이해를 돕기 위해 다이어트로 예를 들어보겠습니다. 우리가 다이어트를 할 때 꼭 필요한 게 있죠? 바로 체중계입니다. 저도 살을 뺄 때 매일 아침 몸무게를 쟀어요. 그냥 겉으로 보이는 체중만 잰 게 아니라, 근육량과 체지방까지 체크했죠. 몸무게를 보면 어제 한 운동의 효과가 있었는지, 말짱 도루묵이었는지를 알 수 있어요. 만약 몸무게라는 숫자가 없다면, 매일 2시간씩 운동을 하더라도 운동의 효과가 정확하게 얼마만큼 있는지 판단하기 어려울 수 있어

요. 하지만 몸무게를 체중계에 나타나는 하나의 숫자로 확인할 수 있기 때문에 우리는 다이어트가 잘 되고 있는지 그렇지 않은지 정확하게 알 수 있죠.

이를 시장에 적용해보겠습니다. 한국 기업들의 주가가 올랐는지 내렸는지를 알려주는 게 코스피 지수와 코스닥 지수예요. 코스피 지수는 대기업들이 모여 있는 시장의 상태를 알려주고, 코스닥 지수는 중소기업들이 상장된 시장의 컨디션을 알려줍니다. 코스피 지수라고 하면, 코스피 시장에 상장된 모든 종목의 상태를 단번에 알 수 있도록 나타내는 수치이고, 코스닥 시장에 상장된 모든 종목의 상태를 지수화한 게 코스닥 지수예요.

② 지수는 과거 시점 대비 현재를 비교한 거예요

지수는 현재의 상태를 알려주는 거라고 했어요. 그런데 이런 의문이 든 사람도 있을 거예요. '현재의 상태라는 것도 결국 상대적인 거 아닌가요?'라고요. 지금이 어떤 상태인지 알려고 하면 '과거 어느 시점'과 비교하면 돼요.

경제 상황에서 절대적인 건 없어요. 일반적으로 경기가 '나쁘다 혹은 좋다'는 말을 하죠. 그런데 절대적으로 경기가 나쁘거나 절대적으로 경기가 좋은 게 존재할까요? 그렇지 않아요. 경기는 사이클이에요. 좋다가도 나빠지고, 나쁘다가도 다시 좋아지죠. 상승과 하락을 계속 반복하면서 변해가는 거예요. 이렇게 경제 현상이 상대적이란 걸 이해하는 게 중요합니다. 상대적이란 의미는 특정 시점보다 좋다, 나쁘다를 본다는 의미예요.

그래서 모든 지수를 얘기할 때는 비교할 수 있는 기준이 필요합니다. 그래야 기준 시점 대비 현재가 어떤 상태라는 걸 알 수 있죠. 그럼 국내 대표적인 시장 지수의 기준은 언제일까요? 코스피 지수의 기준은 1980년 1월 4일이에요. 이때 상장된 기업 35개 종목의 당시 주가를 기준으로 지수를 100으로 설정했어요. 따라서 2022년 특정 시점의 코스피 지수가 3,000이라면, 1980년 1월 4일 대비 한국 코스피 시장이 30배 성장했다는 의미입니다.

그리고 지수에 포함되는 기업들도 주기적으로 변경됩니다. 지수에 포함될 만한 조건을 충족하지 못하는 기업이 있다면 퇴출시키고, 새로 조건을 충족하는 기업이 생기면 편입하죠. 일반적으로는 분기별로 지수 편입 종목의 변경이 있어요. 1980년 처음 코스피 지수가 만들어질 때 포함된 종목은 35개에 불과해요. 하지만 2022년 9월 기준으로는 현재 총 822개 기업이 코스피 지수에 포함됩니다(출처: KRX 정보데이터시스템).

③ 어떤 것이든 그룹을 만들 수 있다면 지수화해 투자할 수 있어요

그럼 어떤 걸 지수화할 수 있나요? 뭐든 다 가능할까요? 맞습니다. 그룹을 만들 수 있는 것은 모두 지수화할 수 있어요. 대표적으로 국가별, 섹터별, 스타일별로 지수화가 가능해요. 심지어 환율,

종목명	기초 지수명	최초 상장일	운용회사
KODEX 200	코스피 200	2002.10.14.	삼성자산운용
KOSEF 200	코스피 200	2002.10.11.	우리자산운용
TIGER 200	코스피 200	2008.4.3.	미래에셋맵스자산

상품 및 원자재, 채권도 지수화할 수 있죠.

④ 지수가 있기에 시장 전체에 투자가 가능해요

만약 지수가 없다면, 대한민국 코스피 시장에 투자하기 위해서는 800개도 넘는 기업에 투자를 해야 해요. 그럴 경우 각각 1주씩만 사더라도 어마어마하게 많은 돈이 필요하겠죠. 하지만 지수 덕분에 개인 투자자가 큰돈을 들이지 않고도 전체 시장에 쉽게 투자할 수 있습니다. 바로 ETF로 지수를 증권거래소에 상장시킨 뒤 거래하는 방법이죠. 저는 ETF라는 혁명적 상품을 통해 우리가 상상하는 모든 투자가 가능하다고 말하고 싶어요. ETF는 뒤에서 상세히 설명할 예정이니 지금은 지수에 대해서만 이해하고 넘어가도 충분합니다.

코스피부터 나스닥까지, 다양한 지수 공부하기

핀비즈 사이트 내 Maps 탭 중 World 이미지

이제부터 좀 더 다양한 지수들을 공부하겠습니다. 가장 대표적인 지수는 국가별 시장 대표 지수예요. 우리나라뿐만 아니라 해외 지수까지 공부하려면 핀비즈 사이트(Finviz.com)가 아주 유용해요. 물론 인베스팅닷컴이나 야후파이낸셜 등도 있지만, 직관적으로 이해하기 쉬운 핀비즈 사이트를 살펴보도록 할게요. 국가별로 시장을 대표하는 지수는 앞의 그림처럼 다양합니다. 그중 우리가 꼭 알고 넘어가야 할 대표적인 지수들을 알아볼게요.

한국: 코스피, 코스닥 지수

코스피 지수: 한국의 대표적인 시장 종합주가지수입니다. 다음 네 가지 조건을 만족하면 코스피 시장에 입성할 수 있어요. 첫째로 자본금 300억 원 이상, 둘째로 기업 주식 수가 100만 주 이상, 셋째로 설립 후 3년 이상 영업활동 필요, 넷째로 매출이 1,000억 원을 넘으면서 특정 경영 성과를 충족해야 해요. 그러면 적자 기업은 어떨까요? 시가총액이 크더라도 적자일 수 있어요. 쿠팡처럼 말이죠. 이런 적자 기업들은 일반적인 방식이 아닌 다른 루트를 통해 특례상장이 가능합니다.

1. 기업 규모가 자기자본 300억 원 이상이 되어야 합니다.
2. 기업 주식 수는 100만 주 이상이어야 합니다.
3. 기업 설립 후 3년 이상 영업활동을 해야 합니다.

구분	내용
경영 성과 선택 요건 (택 1)	매출 1,000억 원 이상+영업이익, 순이익 외 경영지표 충족
	매출 1,000억 원 이상+시총 2,000억 원 이상
	시총 2,000억 원 이상+세전이익 50억 원 이상
	시총 5,000억 원 이상+자기자본 1,500억 원 이상
	시총 1조 원 이상

코스닥 지수: 코스피에 상장한 기업보다 규모가 작은 회사들이 상장된 시장의 지수입니다. 10~30억 원 정도의 자본금이 있으면 상장할 수 있고, 주로 기술력 있는 벤처기업, 중소기업 들이 있어요. 에코프로비엠, 엘앤에프, 위메이드 등이에요. 코스닥 지수는 코스피에 비해 변동성이 큰 편이에요. 제약주인 셀트리온헬스케어와

2차전지인 에코프로비엠이 엎치락뒤치락하죠. 원래는 셀트리온이 코스닥 시장의 대장이었는데 4년 전 코스피로 이사를 갔어요.

미국: S&P500, 나스닥, 다우존스, 러셀2000 지수

| S&P 500 | | | | 3,901.35 |
종목	시세	등락율	시가총액(단위)	거래량
TSLA 테슬라	303.75 ▲ 1.14	+0.38%	951,791,526	64,795,523
AAPL 애플	152.37 ▼ 2.84	-1.83%	2,448,700,482	90,481,110
ADBE 어도비 시스템즈	309.13 ▼ 62.30	-16.79%	144,672,840	27,640,207
MSFT 마이크로소프트	245.38 ▼ 6.84	-2.71%	1,830,017,508	31,530,948
NVDA 엔비디아	129.29 ▼ 1.89	-6.92%	321,932,100	52,362,516
AMZN 아마존닷컴	126.28 ▼ 2.37	-1.77%	1,286,484,422	52,887,196
AMD 어드밴스드 마이크로 디바이시스(AMD)	76.66 ▼ 0.79	-1.32%	123,753,840	81,817,966
META 메타 플랫폼스 Class A	149.55 ▼ 1.92	-1.27%	401,922,874	34,606,348
NFLX 넷플릭스	235.38 ▲ 11.28	+5.03%	104,674,802	19,454,122

S&P500 지수: 미국의 스탠더드앤드푸어사가 기업규모, 유동성, 산업 대표성을 감안해 선정한 보통주 500종목을 대상으로 작성해 발표하는 주가지수입니다. 미국 시장을 대표하는 지수라고 할 수 있어요. 지수 공부의 핵심은 해당 지수에 포함된 개별종목들을 정확히 아는 거예요. S&P500 지수에 포함된 개별종목을 보면 테슬라, 아마존, 애플, 엔비디아, AMD, 마이크로소프트, 월마트, 메타, 알파벳(구글) 등이에요. 빅테크 종목들이 시가총액 상위권을 차지

하고 있다는 걸 알 수 있죠. 다시 말해 빅테크 종목들이 상승하는 날엔 S&P500 지수도 오를 확률이 높다는 거예요.

　나스닥 지수: 한국 코스닥의 벤치마킹 대상으로, 주로 IT와 같은 기술 중심 기업으로 구성되어 있으며, 현재 전 세계 시가총액 10위 안에 드는 기업 대부분이 나스닥일 정도로 세계시장을 선도하고 있어요. 애플, 마이크로소프트, 알파벳, 테슬라, 페이스북 등이 있죠.

나스닥 종합	시세	등락율	시가총액(천)	10,802.92 거래량
TSLA 테슬라	276.01 ▲0.68	+0.28%	864,869,067	58,076,913
AAPL 애플	150.77 ▼0.34	+0.23%	2,422,987,279	93,339,409
AMZN 아마존닷컴	115.15 ▲1.37	+1.28%	1,173,096,937	62,723,268
NVDA 엔비디아	122.28 ▼7.88	-3.70%	304,477,200	54,734,269
MSFT 마이크로소프트	237.45 ▼0.47	-0.28%	1,770,876,425	27,694,190
AMD 어드밴스드 마이크로 디바이시스(AMD)	66.30 ▼1.98	-2.44%	107,029,476	82,898,693
META 메타 플랫폼스 Class A	136.37 ▲4.04	-2.85%	366,500,985	30,497,021
GOOGL 알파벳 Class A	98.17 ▼0.57	-0.58%	675,507,770	27,072,662
GOOG 알파벳 Class C	98.81 ▼0.35	-0.36%	608,966,030	22,437,938

　다우존스 지수: 사업별 대표성을 띠는 주요 30개 기업의 주가지수로, 가장 안정적이고 우량한 기업들로 구성되어 있어요. 대표적인 기업으로는 3M, JP모건, 애플, 나이키, 맥도날드 등이 있어요.

다우존스				29,360.81
종목	시세	등락률	시가총액(백만)	거래량
AAPL 애플	150.77 ▲0.34	+0.23%	2,422,987,279	93,339,409
MSFT 마이크로소프트	237.45 ▼0.67	-0.28%	1,770,876,425	27,694,190
V 비자 Class A	180.59 ▼3.27	-1.80%	373,610,145	9,914,638
JPM 제이피모건체이스	106.79 ▼2.18	-2.18%	313,647,619	15,753,581
UNH 유나이티드헬스 그룹	508.36 ▼5.25	-1.02%	475,511,154	2,867,422
JNJ 존슨앤드존슨	165.70 ▼1.52	-0.91%	435,655,109	8,735,455
CVX 셰브론	140.96 ▼3.81	-2.63%	275,920,011	9,443,962
INTC 인텔	26.97 ▼0.05	-1.80%	110,738,820	44,786,413
CRM 세일즈포스	146.32 ▼0.69	-0.47%	146,320,000	7,862,409

러셀2000 지수: 미국의 동전주(주가 1,000원 미만의 주식)들을 묶어서 만든 지수입니다. 1984년 미국의 투자회사인 러셀인베스트먼트에서 만들었어요. 미국 주식시장에 상장된 기업들 가운데 시가총액 기준으로 1,001위부터 3,000위까지 2,000개 기업이 포함되죠. 글로벌기업 내지 대기업이라 할 수 있는 상위 1,000개 기업 바로 다음에 있는, 미국 기준으로는 중소기업 대표 지수입니다. 러셀2000은 경기에 민감한 미국 내수 기업들의 주식으로 구성되어 있기 때문에 미국 실물경제의 건전성과 중단기 전망을 가늠하는 데 유용한 지표예요.

이외에도 중국의 상해종합, 심천종합, 항셍 지수와 일본의 니케이225, 토픽스 지수 등이 있습니다. 그밖에 유럽 증시를 대표하는 유로스톡스50 지수, 독일의 DAX 지수, 프랑스 CAC40 지수 등도 있어요. 해외시장의 다양한 지수들은 네이버 금융에서 확인 가능합니다.

투자에 기본이 되는 다양한 지수들

다음으로 섹터별 지수를 살펴보겠습니다. 섹터지수는 일반적으로 산업 섹터별로 나눠서 지수화한 거예요. 예를 들어 자동차 관련 사업을 영위하는 기업들을 지수화한 KRX 자동차 지수, 반도체 관련 기업들을 묶은 KRX 반도체 지수 등이 있어요. 이때 섹터별 지수는 반드시 국가별 지수가 아니므로 한 국가에 특정되지 않고 글로벌기업들 중 관련 산업에 종사하는 기업들을 선별하여 지수화할 수 있습니다.

● 섹터지수 ETF 예시

종목명	기초 지수명	최초 상장일	운용회사
KODEX 자동차	KRX 자동차	2006.6.26.	삼성자산운용
KODEX 에너지화학	KRX 에너지화학	2009.10.9.	삼성자산운용
KODEX 반도체	KRX 반도체	2006.6.26.	삼성자산운용

스타일별 지수는 말 그대로 성장주와 가치주 등 비슷한 투자 스타일을 가진 기업들을 지수화한 거예요. 섹터별 지수랑 헷갈릴 수

● 스타일별 ETF

운용사	종목 코드	종목명	투자 분야	순유입액 2020년 (백만 달러)	총 운용자산 20/12/31 (백만 달러)	연간 수익률 2020년 (%)
ARK	ARKK	ARK Innovation ETF	글로벌 주식	9,403	17,751	159.7
	ARKG	ARK Genomic Revolution ETF	글로벌 제약/바이오	5,020	7,653	189.7
	ARKW	ARK Next Generation Internet ETF	글로벌 인터넷	2,953	5,303	160.5
	ARKF	ARK Fintech Innovation ETF	글로벌 기술	1,527	1,960	109.8
	ARKQ	ARK Autonomous Technology & Robotics ETF	글로벌 로보틱스 & AI	1,096	1,640	108.4

있는데, 산업별 섹터는 이미 정해져 있어요. 삼성전자, 하이닉스가 반도체 섹터에 속하는 것처럼 말이에요. 물론 섹터별 지수를 만들 때도 지수를 만드는 금융기관에 따라 약간의 차이는 있을 수 있습니다.

하지만 스타일은 펀드매니저의 개성이 묻어나는 거예요. 펀드매니저가 원하는 스타일대로 묶어서 지수를 만들 수 있죠. 성장주를 묶어서 성장주 스타일로 만들고 싶다면 펀드매니저가 선택한

● 환율 ETF

종목명	기초 지수명	최초 상장일	운용회사
KOSEF 미국달러선물	미국달러선물지수	2011.2.23.	우리자산운용
KOSEF 미국달러선물 인버스	미국달러선물지수	2011.4.1.	우리자산운용

● 상품 ETF

종목명	기초 지수명	최초 상장일	운용회사
TIGER 농산물선물(H)	S&P GSCI Agriculture Enhanced Index(ER)	2011.1.11.	미래에셋맵스자산
KODEX 구리선물(H)	S&P GSCI North American Copper Index(TR)	2011.3.11.	삼성자산운용
KODEX 골드선물(H)	S&P GSCI Gold Index(TR)	2010.9.29.	삼성자산운용
TIGER 원유선물(H)	S&P GSCI Crude Oil Enhanced Index(ER)	2010.8.2.	미래에셋맵스자산
TIGER 금은선물(H)	S&P GSCI Precious Metals Index(TR)	2011.4.8.	미래에셋맵스자산
KODEX 콩선물(H)	S&P GSCI Soybean Index(TR)	2011.3.11.	삼성자산운용
TIGER 금속선물(H)	S&P GSCI Industrial Metals Index(TR)	2011.4.8.	미래에셋맵스자산
HIT 골드	LBMA PM FIX-GOLD	2009.11.5.	현대인베스트먼트자산

● 채권 ETF

종목명	기초 지수명	최초 상장일	운용회사
KOSEF 통안채	MK 통안채지수(총수익)	2010.1.14.	우리자산운용
KODEX 국고채	MKF 국고채지수(총수익)	2009.7.28.	삼성자산운용
KOSEF 국고채	KTB INDEX(시장가격)	2009.7.30.	우리자산운용

종목들을 묶어서 '성장주 스타일' 지수로 만들면 됩니다.

예를 들어 2020~2021년 동안 가장 주목받았던 ETF 중 하나인, 자산운용사 ARK인베스트먼트에서 출시한 'ARK Innovation ETF' 가 있어요. 전기차 회사 테슬라를 비롯하여 '혁신적인 스타일'을 가진 기업들을 지수화한 ETF입니다.

끝으로 환율, 원자재, 채권과 같이 평소 일반인들이 접근하기 힘든 자산도 지수화를 통해 ETF로 투자할 수 있어요. 만약 '강달러' 를 전망하고 달러가 오를 때 수익이 나는 달러 ETF를 매수한다고 할게요. 이때도 투자의 기준이 되는 지수는 달러 인덱스라는 지수입니다. 원자재 역시 마찬가지죠. 원유 ETF에 투자할 때도 그냥 원유에 투자하는 게 아니라 원유를 기초자산으로 하는 지수에 투자하는 거예요.

펀드계의 혁명
ETF 이해하기

이번엔 상장지수펀드인 ETF에 대해 본격적으로 공부하겠습니다. 앞에서 지수를 만들 수만 있다면 ETF를 통해서 상상하는 모든 투자가 가능하다고 했어요. 그런데 ETF에 대해 정확히 모른다면 '무슨 말일까?' 하고 고개를 갸우뚱했을지 몰라요. 하지만 여러분이 ETF를 제대로 알고 나면 제가 왜 그런 말을 했는지 무릎을 탁 치면서 이해하게 될 거예요.

ETF는 짠투자를 하기 위해 반드시 알아야 할 상품입니다. 최근 ETF가 대중화되면서 ETF라는 말을 한 번씩은 다 들어봤을 거예요. 이번 기회에 ETF의 개념부터 활용법까지 제대로 알아보도록 하겠습니다.

주식처럼 쉽게 거래하는 ETF

ETF를 영어로 풀어서 설명하면 Exchange Traded Fund예요. 갑자기 영어가 나오니까 어렵게 느껴지나요? 지금부터 한 글자, 한 글자씩 풀어서 그 의미를 설명할 테니 당황하지 않아도 좋아요. 'Exchange Traded Fund'에서 익숙한 단어가 하나 있죠? 다른 건 잘 몰라도 그래도 '펀드'는 다들 한 번쯤 들어본 말일 거예요. 마지막에 있는 이 펀드란 단어가 ETF의 본질을 알려주고 있습니다. ETF는 펀드의 일종이란 거죠.

근데 펀드는 뭘까요? 불특정 다수로부터 자금을 모아서 전문가가 대신 운용하는 게 펀드의 핵심 개념입니다. 펀드를 만들고 운용하는 금융기관을 자산운용사라고 불러요. 다시 말해 자산운용사는 펀드를 만드는 공장이라고 생각하면 됩니다.

펀드의 종류는 두 가지예요. 아무런 제한 없이 누구나 가입할 수 있으면 공모펀드이고, 소수만이 가입 가능하고 해지에 제약이 있으면 사모펀드입니다. 일반적으로 펀드라고 하면 공모펀드를 뜻해요. 그러니까 기본적으로 전문가들이 불특정 다수에게 자금을 모아서 대신 굴려주는 게 ETF의 본질이라는 거죠. 이 개념을 머릿속에 넣어두고 있어야 합니다.

이제 'Exchange Traded'의 의미만 알면 ETF에 대해 어느 정도 감을 잡을 수 있을 거예요. 본격적으로 설명하기 전에, 혹시 그거 기억하나요? 펀드에 가입해본 분들은 알 거예요. 펀드 거래가 얼마나 불편했던지! 아주 옛날을 떠올려보면 펀드 투자를 하기 위해 은행, 증권사에 가야 했던 시절이 있었어요. 요즘도 어르신들은 공모주 투자를 할 때가 되면 직접 증권사로 가십니다. 인터넷으로 하면 된다고 말씀드려도 굳이 가시는 분들이 있죠. 아마 여러분 중엔 증권사에 직접 가는 사람이 거의 없을 거예요. 심지어 계좌 개설도 비대면으로 다 되는 시대이니까요.

설명이 길어졌는데, 그만큼 펀드가 거래하기 불편한 상품이라는 거예요. 펀드를 만들고 운용하는 자산운용사 입장에선 고객들에게 팔기도 힘든 상품이죠. 운용사는 금융상품의 공장이기 때문에 실제로 고객들과의 접점을 가지고 있는 증권사나 은행에 상품을 팔아달라고 요청해야 합니다. 이번에 괜찮은 펀드 상품을 하나 만들었는데 지점에 고객이 오면 소개해달라고 얘기해야 하는 거죠. 그런데 이 과정이 너무 비효율적인 거예요. 일부 증권사나 은행은 자기 계열사 상품만 취급하기도 하고, 지점에 있는 판매원들이 펀드를 잘못 팔기도 해요. 실제로 펀드를 만든 운용사 입장에선 참으로 답답한 노릇입니다.

이런 갑갑함을 한 방에 해결해줄 기발한 상품이 혜성처럼 나타났어요. 중간에 끼는 유통 과정 없이 소비자에게 직접 펀드를 팔 수 있는 상품이에요. 그게 뭐냐고요? 펀드를 주식시장에 내놔서 투자자들이 바로 사고팔 수 있게 '상장한' ETF입니다. '주식시장에 상장한다'는 의미가 어렵게 느껴질 수 있어요. 하지만 별것 아니랍니다. 상장은 주식에서 사고팔 수 있는 종목으로 등록한다는 게 기본 개념이에요. 쉽게 생각하면 시장에서 물건을 사려면 일단 가게 주인이 그 물건을 사다 놓아야 하죠. 이렇게 투자자들이 와서 살 수 있도록 목록을 쌓는 게 상장입니다. 그런데 투자자들이 잘 모르는 기업에 투자하게 방치할 순 없어요. 시장에 내다 팔 수 있는 상품인지를 검증하는 과정이 필요한 거죠. 공모주 투자를 할 때도 상장 실질 검사 과정을 거쳐야 해요. 이 과정을 거치면 펀드도 주식처럼 시장에서 사고팔 수 있습니다.

ETF는 '펀드계의 혁명', '최고의 금융상품'과 같은 극찬을 받기도 해요. 저 역시 ETF 상품을 만든 사람은 천재라고 인정하고 싶어요. 펀드를 상장해서 주식처럼 사고팔 수 있게 한다는 개념이 별것 아닌 것 같지만, 이 단순한 아이디어가 금융시장의 흐름을 바꿨다고 할 수 있습니다.

펀드보다 한 단계 진화한 ETF의 등장으로 현재는 주식거래만큼 ETF 거래량이 많아요. 이건 모두 이러한 '거래의 용이성' 덕분이죠. 자산운용사들이 펀드를 쉽게 판매할 수 있게 됐을 뿐만 아니라, 집에서도 HTS(Home Trading System), MTS(Mobile Trading System)로 손쉽게 매매가 가능합니다. 또한 하루에 한 번만 가격이 결정되는 펀드와 달리, ETF는 주식처럼 실시간으로 가격이 결정되고, 중간에 은행이나 증권사라는 매개체가 없는 덕분에 수수료

도 훨씬 저렴해졌어요. 거래가 불편하다는 펀드의 가장 큰 단점을
완벽하게 개선한 것이 바로 ETF입니다.

● ETF는 지수펀드를 시장에 상장(IPO)한 것!

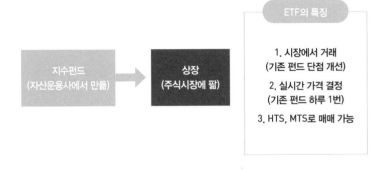

2배 이상 수익을 올리는 레버리지 ETF

여러분이 반드시 기억해야 할 게 하나 있어요. ETF도 결국 사람이
만든 상품이란 사실이에요. 그러니까 ETF를 이해한다는 건 물리
학이나 경제학을 이해하는 것과는 전혀 다른 차원입니다. 상품을
만드는 펀드매니저가 어떻게 구조를 설계했는지를 이해하면 되는
거예요. 오히려 자동차를 이해하는 것과 비슷합니다. 휘발유, 경유
로 움직이는 내연기관차가 환경오염을 유발하면서 친환경 전기차
가 탄생했어요. 전기차를 이해하는 건 이 차가 '어떻게 만들어졌
는지'를 아는 것과 같아요.

ETF는 기본적으로 지수를 추종하도록 설계된 상품입니다. 여기서 '지수를 추종한다'는 말을 이해해야 해요. 앞에서 배운 지수를 따라가도록 만들었다는 의미입니다. 금융상품이니까 당연히 수익률을 따라간다는 뜻이겠죠? 다시 말해 ETF는 지수의 수익률을 따라가도록 설계된 상품이란 거예요.

일반적으로 지수를 따라갈 때 그대로 따라가면 단순해요. 지수가 1배 오르면 ETF도 1배 오르고, 지수가 2배 오르면 ETF도 2배가 오릅니다. 하지만 지수 수익률을 그대로 따라가면 재미가 없어요. 무슨 얘기냐고요? 생각해보면 투자를 할 땐 수익률이 높아져야 재미있어요. 그런데 지수는 기본적으로 다양한 종목들로 구성되어 있기 때문에 정상적인 상황에선 변동성이 크지 않아요. 특히 국가의 수많은 기업을 모아놓은 국가 대표 지수라면 더더욱 그렇죠. 아주 특수한 경우를 빼고는 1% 미만입니다. 그러니까 ETF의 수익률도 올라봤자 1% 미만인 경우가 많은 거예요.

성격 급한 사람들은 답답해서 숨이 넘어가겠죠? 그래서 이런 생각을 하게 됐어요. 'ETF는 왜 지수를 1배만 추종해야 하는 걸까? 2배, 3배를 추종하면 안 될까?' 그럼 수익률이 훨씬 높아질 수 있잖아요. 이런 생각을 하는 투자자가 분명히 있을 수 있어요. 금융상품은 결국 사람이 설계하는 거라고 계속 강조했죠? 맞아요. 못 하는 게 어딨나요? 그냥 하면 되죠! 그래서 지수가 1배 오를 때 2배가 오르는 레버리지 상품이 탄생했어요. 레버리지는 흔히 대출을 활용해 지렛대 효과를 본다는 의미로 사용되는데, 이 경우도 충분히 레버리지라 할 만합니다.

그런데 여기서 꼭 알아둬야 할 중요한 사실이 있어요. 레버리지는 투자 기간 전체가 아니라 투자 당일, 그 하루 동안의 수익률이란 사실이에요. 오늘 지수가 1배 올라서 레버리지 ETF 상품의 수익률이 2배로 올랐다면 그걸로 끝이에요. 내일은 또 내일의 태양이 뜨는 거죠.

그렇게 2배로 오른 가격에서 또 지수가 오른다면 상품 수익률이 전날 종가를 기준으로 2배가 올라요. 그러니까 레버리지 상품을 투자하는 기간 동안 추종지수가 2배 올랐더라도 그 과정에서 하루하루의 수익률은 올랐다 내렸다를 반복할 수 있어요. 이 경우 투자 기간 동안 레버리지 상품의 수익률은 4배가 아닐 수 있습니다. 레버리지 상품은 장기로 묻어둔다고 오르지 않아요. 늘 시장 상황을 주시하면서 트레이딩을 할 때 유리한 상품이라고 할 수 있습니다.

여기서 또 한 가지 중요한 점이 있어요. 이렇게 레버리지 상품은 리스크가 존재하기 때문에 정부에서 진입 문턱을 높여놨어요. 국내 레버리지 ETF 투자를 하려면 금융투자교육원에서 레버리지 ETF·ETN 투자자 사전교육을 받고, 예수금 1,000만 원을 준비해서 인증해야 합니다.

국내 레버리지 ETF 투자 교육 이수 방법

① 금융투자협회 금융투자교육원 홈페이지 접속
   (http://www.kifin.or.kr)

② 상단 탭에서 이러닝 클릭
   '한눈에 알아보는 레버리지 ETF Guide' 수강 신청(유료/ 3,000원)

③ 1시간 수강 후 수료 가능(시험 없음)

④ 수료 후 수료증 번호 출력

⑤ 이용하는 증권사 접속 후 '교육 이수'를 클릭한 뒤 수료증 번호 입력

시장이 하락해도 돈 버는 인버스 ETF

제가 꼽는 ETF의 최대 장점은 바로 시장이 떨어지는 상황에서 수익을 낼 수 있다는 거예요. 일반적으로 수익을 낸다고 하면 시장이 올라야 한다고 생각합니다. 그런데 문제는 시장은 늘 상승하지 않는다는 거죠. 코로나19 때처럼 폭락할 때도 있고, 미국이 기준금리를 인상하면 지속적으로 시장이 하락하기도 해요.

당연히 시장이 떨어질 때도 돈을 벌고 싶다는 생각을 할 수 있어요. 실제로 기관투자자들은 공매도를 통해 주가가 떨어질 때 수익을 내기도 하죠. 하지만 개인이 공매도를 하려면 절차도 까다롭고 실제로 수익을 내기도 쉽지 않아요.

하지만 개인들이 공매도와 같은 투자 아이디어를 활용할 수 있는 방법이 있습니다. 바로 상품이 떨어질 때 수익이 나는 '인버스 ETF'입니다. 지수가 1배 오를 때 2배 수익이 나는 상품도 만드는데, 지수가 떨어질 때 수익이 나는 상품은 왜 못 만들겠어요? 그렇게 설계하면 되는 거예요. 인버스 ETF는 지수가 1배 떨어질 때 1배 수익이 나는 상품입니다. 여기에 지수가 1배 떨어질 때 2배 수익이 나는 '곱버스' 상품도 있어요.

인버스 상품들은 시장이 지속적으로 하락하는 약세장에서 유용한 상품이에요. 하지만 실전투자에서 인버스 상품으로 투자수익을 내는 건 쉽지 않아요. 시장이 언제 떨어질지 예측하는 게 어렵기 때문입니다. 게다가 떨어질 거라 생각해서 인버스 투자를 했는데, 시장이 반등해서 계속 오른다면 손실을 만회하기 힘들 수도 있어요.

레버리지와 인버스 ETF는 시장이 오를 때도 내릴 때도 수익을 낼 수 있는 좋은 상품이 맞습니다. 하지만 이는 거시적인 시장 흐름에 대한 전망을 잘할 수 있을 때 유용해요. 대세 하락장에선 어떻게 수익을 낼지 막막해하며 포기할 수도 있는데요. 시장이 하락해도 수익을 내는 방법이 있다는 걸 알아둘 필요가 있습니다. 다만, 한번 방향을 잘못 타면 돌이키기 힘들기 때문에 초보 투자자라면 소액으로 시작하는 게 좋아요.

레버리지와 곱버스는 장기투자에 적합하지 않다

레버리지나 곱버스 등 2배 이상의 수익률을 내는 ETF는 장기투자에는 결코 적합하지 않은 상품임을 알아야 합니다. 그 이유는 레버리지나 곱버스 ETF가 지수의 2배, 3배로 가격이 결정되는 기간이 단 '하루'이기 때문이죠.

예를 들어 1월부터 12월까지 지수가 정확히 2배 올랐다고 해도, 1년이라는 시간 동안 상승과 하락을 반복했다면 레버리지 ETF의 수익률은 같은 기간 동안 정확히 2배가 되지 않습니다. 레버리지의 경우 지수가 1% 상승한 날 ETF 가격이 2% 상승하겠지만, 그다음 날 2% 하락한다면 4% 하락하기에, 상승과 하락을 반복하는 경우 오히려 손해가 커질 수 있어요.

물론 운 좋게 지수가 우상향만 할 경우엔 매일매일의 수익률이 쌓여 큰 복리 효과를 누릴 수 있습니다. 하지만 대체로 주가지수는 들쑥날쑥하기에 레버리지와 곱버스 등의 상품에 장기투자를 할 경우 실패 확률만 높아질 거예요.

기업의 지수 편입은
호재가 될 수 있다

지수를 그대로 추종하는 패시브 ETF

지수를 그대로 추종하는 ETF가 있습니다. '패시브 ETF'인데요. '패시브 ETF'는 어떻게 만들어질까요? 아마도 이렇게까지 깊게 생각해본 사람은 거의 없을 거예요. 금융사에서 지수를 추종하도록 설계했다고 하니까 보통 '그런가보다' 하죠. 하지만 우린 제대로 원리를 이해하고 있으니 조금 더 깊게 공부할 필요가 있어요.

지수를 추종한다는 말은 쉽지만, 실제 금융의 세계로 들어가면 그렇게 간단한 문제가 아니에요. 지수를 따라가는 패시브 ETF를 만들려면 이 상품이 지수를 그대로 따라가도록 '복제'라는 걸 해야 합니다. ETF 펀드매니저들이 하는 일은 지수에 포함된 기업들을 그대로 복제 매수하여 ETF 자산에 담는 거예요. 복제의 기본적인 의미는 데칼코마니처럼 그대로 똑같이 만든다는 거죠.

그런데 지수를 구성하는 기업들은 항상 같지 않아요. 주기적으로 지수 구성 종목을 편입 또는 퇴출하기 때문이에요. 특정 기업이 기준을 충족하면 해당 지수에 편입시키고, 기준을 충족하지 못하면 해당 지수에서 퇴출합니다. 펀드매니저들도 지수에 신규로 편입된 기업을 그대로 복제 매수해서 ETF 자산에 담고, 지수에서 퇴출된 기업들은 ETF 자산에서 매도하는 거예요.

따라서 특정 기업이 지수에 편입되었다는 소식은, 그 기업의 실적과 관계없이 단지 매수가 증가한다는 수급적인 요인으로 기업의 주가가 오르는 호재성 뉴스로 인식되기도 하죠. 이럴 때 시장에서는 밸류에이션(애널리스트가 기업의 현재 가치를 판단하여 적정한 주가를 산정하는 일)이 아닌 수급적인 영향으로 장이 올랐다고 표현합니다.

전 세계 금융시장에 영향력을 행사하는 MSCI 지수

국가별로 대표 주가지수가 있지만, 대표 지수를 추종하는 패시브 ETF를 만드는 방법은 금융사별로 각각 다릅니다. 금융회사는 자산운용사들이 ETF를 만들 때 사용하는 지수를 만들어서 돈을 벌기도 해요. 지수에 어떤 기업과 자산을 넣고 빼는지를 결정하는 게 노하우라고 할 수 있어요. 대부분 자산운용사의 계열사인 경우가 많습니다.

대표적인 지수로는 MSCI(Morgan Stanley Capital International Index) 지수가 있어요. 모건스탠리의 자회사인 모건스탠리캐피털인터내셔널에서 만든 주가지수예요. 이 회사 역시 지수를 팔아서 돈을 벌죠. ETF 상품을 만드는 데 MSCI 지수를 사용하려면 모건스탠리캐피털인터내셔널에 '지수 사용료'를 내야 해요. 참고로 미국계 펀드의 95%가 MSCI 지수를 추종하기 때문에 글로벌 금융시장에서 MSCI 지수는 아주 큰 영향력을 가지고 있습니다. 국가별 주식시장의 발전 단계에 따라 선진시장(DM, Developed Markets), 신흥시장(EM, Emerging Markets), 미개척시장(FM, Frontier Markets)으로 나뉘어요. 한국시장은 현재 MSCI 신흥시장에 편입돼 있습니다.

MSCI 지수 편입 관련 기사

ETF 투자 시
꼭 확인해야 할 3가지

이제부터 ETF 실전투자를 할 때 꼭 필요한 내용들을 공부할 거예요. 이론적으로 ETF를 잘 아는 것과 실제로 투자를 잘하는 건 별개의 문제입니다. 지금부터 얘기하는 건 실전투자에 필요한 내용이에요.

① 거래량

ETF 상품의 종류는 너무나 많습니다. 국내는 물론이고 해외까지 합치면 수십만 개에 달하기 때문에 결정하기 쉽지 않죠. ETF를 선택할 때 최우선 기준은 거래량이에요.

같은 기초자산에 투자하는 ETF가 여러 개일 때는 가장 먼저 거래량이 많은 걸 선택하는 게 좋습니다. 주식거래를 안 해본 분들은 잘 이해가 안 될 거예요. "거래량이 왜 그렇게 중요한가요?" 하고 물을 수도 있어요.

거래량은 무척 중요한데, 원하는 가격에 사고팔 수 있게 해주는 게 바로 거래량이기 때문입니다. 아무리 ETF의 가격이 올라도 시장가로 팔리지 않는다면 어쩔 수 없이 가격을 낮춰서 팔아야 해요. 살 때도 마찬가지죠. 시장가로 매수가 안 되면 더 높은 가격을 불러야 살 수 있는 거예요.

사려는 사람도 많고, 팔려는 사람도 많으면 바로바로 거래가 성사됩니다. 근데 매수자와 매도자가 별로 없다면 한참을 기다려야 해요. 원하는 가격에 매수를 걸어놔도 살 사람이 없으면 안 팔리는 거죠. 급히 사거나 팔아야 할 때 이렇게 거래량이 없는 ETF는 우리 속을 뒤집어놓을 수 있어요. 급해 죽겠는데 안 팔리는 상황을 상상해보세요.

수수료도 중요하지만, 대부분의 ETF 수수료가 1% 미만대에서 형성되기 때문에 수수료보다는 거래량을 보는 것이 더 올바른 ETF 선택 방법입니다.

② 괴리율

같은 지수를 추종하는 ETF라도 서로 가격이 다른 경우가 있습니다. 그 이유는 ETF를 만든 시점과 ETF별로 처음 설정해둔 기준가격(NAV: ETF 1좌당 순자산가치로, ETF가 가지고 있는 순자산에서 총 주식수를 나눈 값)이 다르기 때문이에요.

어떤 ETF가 조금이라도 더 지수를 완벽하게 추종하는지를 알기 위해서는 기준가격에서 얼마나 변동이 있었는지를 보여주는 지표, 즉 '괴리율'을 확인해야 합니다. 괴리율이 0에 가까울수록 ETF의 시장가와 기준가격이 비슷하다는 의미이기에 좋은 ETF라고 할 수 있어요.

괴리율이 생기는 이유는 해당 ETF에 대한 수요에 따라 ETF 시장가가 달라지기 때문이에요. 수요가 높을수록 ETF 시장가도 올라가고, 수요가 적으면 ETF 시장가도 내려갑니다.

③ 추적오차율

ETF가 지수를 추종하는 상품이긴 하지만, ETF의 수익률은 추종 지수의 수익률과 정확히 일치하지는 않습니다. ETF가 지수를 추종할 때 지수를 구성하는 모든 상품이 아닌, 대표 주식들만을 추종하기 때문이죠. 이때 ETF의 구성 종목 및 수익률이 지수의 구성 종목 및 수익률과 얼마나 정확히 일치하고 있는지를 확인시켜주는 지표가 '추적오차율'입니다. 추적오차율은 값이 작을수록 기초지수와 일치도가 높다는 뜻입니다.

위의 3가지 지표는 한국거래소의 '정보데이터시스템(data.krx.co.kr)'을 통해 확인 가능합니다. 자세한 방법은 바로 다음 장인 국내 ETF를 찾는 법에서 소개하겠습니다.

국내 ETF 투자에
적합한 지수 찾기

본격적으로 국내에서 어떤 ETF 상품에 투자할 수 있는지 알아보도록 할게요. 먼저 국내의 대표적인 자산운용사로는 삼성자산운용, 미래에셋자산운용, 한국투자신탁운용, KB자산운용 등이 있습니다.

자산운용사가 중요한 이유는 자산운용사별로 각각 ETF 상품 이름이 다르기 때문이에요. ETF 상품 이름이란 각 자산운용사를 대표하는 하나의 브랜드명이라고 생각하면 됩니다. 삼성자산운용은 KODEX, 미래에셋자산운용은 TIGER, 한국투자신탁운용은 KINDEX, KB자산운용은 KBSTAR라는 ETF 브랜드를 각각 가지고 있어요.

ETF 상품명 뽀개기

ETF 상품명은 초보자들이 보기에 외계어처럼 어렵게 느껴질 수 있어요. 하지만 각 구성 요소를 하나씩 살펴보면, ETF 상품명을 해석하는 게 실은 그리 어렵지 않다는 것을 알 수 있습니다. ETF 상품명은 크게 자산운용사+추종지수+특징 3가지 부분으로 나뉘어요.

① 자산운용사: KODEX, TIGER, KINDEX, KBSTAR 등 자산운용사별 ETF 브랜드명
② 추종지수: 코스피200, 레버리지 등 해당 ETF가 추종하는 지수
③ 특징: 각 ETF가 가진 특징으로, 자주 등장하는 용어와 뜻은 아래와 같다.
  - TR(Total Return): 이윤 재투자(배당금을 자동으로 재투자)
  - H(Hedge): 환율에 의한 이익 또는 손실이 발생하지 않도록 환헤지(환율 방어)를 적용

국내에서 원하는 ETF를 찾는 법

① 한국거래소(krx.co.kr) 정보데이터시스템에 접속합니다.

② 기본통계→증권상품→ETF→ 세부안내 탭을 통해 상세 검색을 합니다. 검색 조건에서 기초자산, 기초시장, 추적배수 등을 선택할 수 있습니다.

③ 조회 결과 확인 시 상장일, 운용사, 수익률, 괴리율, 추적오차 등 자세한 내역을 알 수 있습니다.

④ 지름길 방법: MTS를 통한 검색. 증권사의 MTS 접속 후 ETF 종목 검색에서 코스피, 레버리지 등 원하는 추종지수를 검색하면 해당 지수를 추종하는 ETF 리스트를 확인할 수 있습니다.

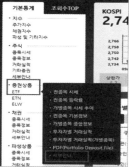

● 메타버스 관련 ETF를 검색한 화면

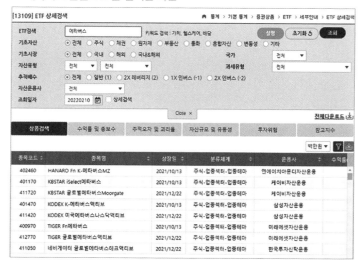

국내에서 원하는 ETF를 찾는 법에 대해 머리로는 이해하게 되었지만, 여전히 막막하게 느낄 수도 있을 거 같아요. 그래서 제 경험을 공유하려고 합니다. 저의 경우 처음 ETF 투자를 할 때는 시장 전체에 투자하는 코스피 ETF나 코스닥 ETF에 투자했습니다. 하지만 ETF 상품이 정말 유용할 때는 개인들이 접근하기 힘든 시장에 투자할 때라는 걸 깨달았어요. 예를 들면 원자재나 채권 시장인데요. 코로나19가 터지기 전에는 원유 WTI ETF 투자를 많이 했습니다. 국제 유가가 배럴당 45달러에서 65달러 정도 선에서 일정하게 움직였기 때문에 저점일 때는 레버리지를, 고점일 때는 인버스 투자를 하면서 수익을 냈습니다.

◆◆ TIP ◆◆

국내에서 하지 않는 게 좋은 ETF

국가 간 시차로 인해서 지수가 변할 때 실시간으로 ETF를 매수·매도할 수 없는 경우가 있습니다. 예를 들어 미국의 나스닥100 지수를 추종하는 TIGER 미국나스닥100의 경우, 지수 변동이 미국 개장 시간(한국 시간 밤과 새벽) 동안에 이뤄지기에 지수 변동에 따라 실시간으로 매수·매도할 수 없다는 단점이 있죠. 이런 해외 지수 추종 ETF의 경우 굳이 한국에 상장된 상품을 이용하는 것보다, 미국 현지에서 출시된 ETF를 거래하는 것이 훨씬 유리합니다.

해외 ETF 투자에 적합한 지수 찾기

가장 대표적인 해외 ETF 투자 대상은 미국 시장을 대표하는 지수들인 S&P500, 나스닥 그리고 다우존스를 추종하는 ETF입니다. 이들을 추종하는 대표 ETF의 경우, ETF의 변화만 보더라도 전날 미국의 시장상황이 어땠는지 대략적으로 판단할 수 있어요. 대표적인 ETF 몇 가지를 HTS나 MTS에 관심 종목으로 등록해둔 뒤 확인하는 것도 시장 흐름을 판단하기에 좋은 방법입니다.

    S&P500, 나스닥100 그리고 다우존스 지수를 기초자산으로 하는 ETF는 각각 SPY, QQQ, DIA입니다. 이들은 기본적으로 개별 주식에 비해 변동성이 굉장히 낮은 편이에요. 예를 들어 개별 주식이 ±10%씩 변동성을 보일 때도 지수 추종 ETF는 5% 미만에

−3X	−2X	−1X	투자 대상	1X	2X	3X
SPXU, SPXS,	SDS	SH	S&P500	SPY	SSO	SPXL, UPRO
SQQQ	QID	PSQ	나스닥100	QQQ	QLD	TQQQ
SDOW	DXD	DOG	다우존스	DIA	DDM	UDOW
SRTY, TZA	TWM	RWM	러셀2000	IWM	UWM	TNA, URTY

서 움직일 가능성이 높아요. 따라서 SPY, QQQ, DIA는 예적금보다 조금 더 높은 수익을 내고 싶어 주식을 시작했지만, 그렇다고 해서 너무 큰 리스크도 취하고 싶지 않은 투자 입문자들에게 적합한 상품이라고 할 수 있어요. 또한 개별 주식에 대해서는 확신이 없지만, 전체적인 시장의 흐름이나 특정 섹터에 대한 확신이 있을 때도 ETF 투자를 고려할 수 있습니다.

해외 ETF 투자의 가장 큰 장점은 국내에는 없는 다양한 종류의 ETF 상품들에 투자를 할 수 있다는 거예요. 다소 공격적으로 느껴질 수도 있지만 해외 ETF에는 기초자산의 수익률을 3배로 추종하는 상품도 있습니다. 나스닥 지수를 살펴보면, 나스닥 지수를 1배 추종하는 상품이 QQQ, 2배 추종하는 상품이 QLD이고요. 3배 추종하는 상품이 TQQQ입니다. 시장이 계속 오르는 대세 상승장에서 이런 레버리지 상승으로 큰 수익을 낼 수 있습니다. 하지만 반대로 시장이 계속 하락하는 대세 하락장에선 큰 손실을 볼 수 있기 때문에 주의가 필요해요.

해외에서 원하는 ETF를 찾는 법

① etf.com (사이트 주소 https://www.etf.com)

Tools & Data의 Screener & Database 접속 후 필터 기능을 통해 내가 원하는 섹터나 지수의 ETF를 찾을 수 있습니다. 각 ETF별 운용사, 자산 규모, 수수료 등을 상세하게 확인할 수 있어요.

② Finviz (사이트 주소 https://finviz.com/map.ashx?t=etf)

한눈에 직관적으로 전 세계의 ETF 동향을 파악할 수 있어요.

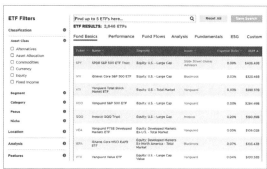

해외 지수 실전투자 사례

① 조 바이든 미국 대통령 수혜 섹터 ETF 투자

미국 조 바이든 대통령 취임 후, 미국 내 인프라 투자에 대한 기대
가 급부상한 적이 있어요. 인프라 투자 진행은 곧 '산업재' 섹터의
수혜를 의미하기도 합니다. 대규모 건설을 위해서는 산업 장비가
많이 필요하기 때문이에요. 하지만 평소 산업재 섹터에 대한 이해
가 없었다면 대표적인 기업을 고르기가 쉽지 않을 수 있고, 고른
다 해도 개별 기업이 가진 리스크가 어떤지 완전하게 분석하지 못
할 수 있겠죠. 이럴 때는 산업재 섹터 전반에 투자하는 ETF인 XLI
에 투자해서 수익을 낼 수 있어요.

② 코로나19 리오프닝 수혜 섹터 ETF 투자

팬데믹 이후 리오프닝(Reopening: 경제활동 재개)으로 그간 하락폭이 심했던 여행 산업이 정상화되며 수혜를 볼 것으로 예상하는 전문가가 많아요. 하지만 특정 항공사 등 개별 기업에 투자하기엔 위험 부담이 크다는 생각이 들 수 있겠죠? 이럴 때 여행 관련주에 분산 투자하는 ETF인 AWAY를 투자 대상으로 고려할 수 있어요.

◆◆ TIP ◆◆

해외 ETF 투자 시 주의 사항

해외 ETF 투자는 기본적으로 한국원화(KRW)가 아닌 외국의 통화(USD 등)를 기반으로 합니다. 예를 들어 나스닥 추종 ETF인 QQQ에 투자를 할 경우 ETF 투자를 함과 동시에 달러를 보유하게 되죠. 따라서 해외 ETF 투자는 환율의 영향을 많이 받습니다. 환율이 평소보다 저렴하다는 생각이 들 때 미리 증권사를 통해 달러 환전을 해두고, 지수가 하락했을 때 ETF를 매수하는 것이 좋은 방법이 될 수 있어요.

엔화가 계속 떨어질 때 고려해볼 ETF

이론을 배웠다면 실전에서 활용할 수 있어야 해요. 2022년 7월 기준 엔화가 역사상 최저 수준을 기록할 정도로 하락했어요. 2022년 초부터 시작된 미국의 기준금리 인상으로 달러가 강해졌기 때문이에요. 물론 예전과 달리 일본 경제가 좋지 않고 일본중앙은행(BOJ)이 기준금리를 지속적으로 내리고 있어서 그렇죠.

이럴 때 투자 아이디어를 낼 수 있어요. 엔저일 때는 어디에 투자하면 좋을까요? 일반적으로 엔화가 싸니까 은행에 가서 실제로 엔화를 사야겠다고 생각할 수 있어요. 하지만 이건 정말 가장 비싼, 게다가 실질적으로 투자 성과는 크지 않은 투자법이에요.

왜냐면 은행 창구에서 환전을 하면 수수료가 붙어 실제 손에 쥐는 수익은 크지 않은 경우가 많기 때문이죠.

이럴 때 할 수 있는 투자가 바로 엔화를 기초자산으로 하는 ETF입니다. 국내에 엔화를 ETF로 하는 상품이 상장돼 있어요. 하지만 이 또한 추천하지 않아요. 달러엔 환율을 기초 지수로 하는 게 아니라 원화엔 환율을 기초 지수로 하기 때문입니다. 이럴 때 미국 시장에 상장된 엔화 ETF 상품에 투자하는 걸 추천해요. 엔화 예금 ETF도 있고, 엔화가 떨어질 때 수익이 나는 인버스 ETF도 있어요. 시장상황에 맞게 적절한 ETF를 활용하는 게 중요하답니다.

◆ ◆ Awesome Letter ◆ ◆

거래량 1등 FXY

미국에 상장된 엔 ETF 중에서 거래량이 가장 많은 FXY(티커명)예요. 이 ETF는 달러 대비 엔의 상대적인 가치를 추종해요. 엔화가 기초 자산이 에요. 그러니까 달러엔 환율이 오르면 수익률이 떨어지고, 달러엔 환율이 떨어지면 수익률이 올라요.

이 ETF의 특징은 실제로 예금 계좌에 엔화를 보유한다는 거예요. 운용 사인 인베스코가 JP모건에 예탁하는 방식이에요. 예탁 금리는 0이기 때문에 순전히 엔화의 가치에 연동된다고 할 수 있어요.

이 ETF는 엔화의 가치를 그대로 추종하고 레버리지를 사용하지 않아요. 대신 리스크도 적다고 할 수 있어요. 무엇보다 긍정적으로 보는 이유는 AUM(총 운용자산)이 약 158만 달러로 미국 상장 통화 ETF 중에선 많은 편이란 점이에요.

2022년 엔화가 많이 떨어진 탓에 연초 대비 수익률은 −19.80%예요. 장기적으로 보고 분할매수를 한다면 1년 뒤쯤 웃을 날이 올 거 같아요.

−

FXY

Invesco CurrencyShares Japanese Yen Trust

인버스 레버리지 YCS

엔화의 가치가 단기적으로 추가 하락한다고 전망할 경우 선택할 수 있어요. 이 상품은 엔화의 가치가 하락할 때 수익이 나도록 설계된 엔 인버스 ETF입니다. 이 ETF는 레버리지 상품으로, 2X 상품이에요. 엔화가 1배 떨어지면 2배 수익이 나는 공격적인 상품이에요. 이 상품의 올해 수익률은 무려 50%에 달해요. 단기적으로 운용할 때 적합하다고 할 수 있습니다.

−

YCS

ProShares UltraShort Yen

3장

매매 타이밍을 잡는
짠투자 기술

그네 타듯 움직이는
단기 매매법

시장상황을 바로 반영하는 투자법

지금까지 실전투자에 필요한 이론 공부를 했어요. 그중에서도 실전에서 활용도가 높은 상장지수펀드인 ETF 위주로 알아봤습니다. 이번 장에서는 실질적인 매매 방법에 대해 알아볼게요. 앞서 이야기한 것처럼 한국에는 '단기투자'라는 말에 대해 부정적으로 생각하는 사람이 유독 많아요. 장기투자에는 '가치투자'와 같이 긍정적인 단어가 따라붙는 반면, 단기투자라고 하면 '단타쟁이' 같은 부정적인 수식어를 먼저 떠올리거든요.

물론 장기투자를 통해서 돈을 버는 사람들도 있어요. 예전에 인터뷰한 주식 부자 중에선 8년이나 기다린 사람도 있었죠. 그런데 확률적으로는 상당히 낮습니다. 사람들 대부분이 참을성이 부족하기 때문이에요. 부동산은 팔고 싶어도 안 팔려서 비자발적으로 장기보유를 하는 경우가 많아요. 하지만 주식은 손절하기로 마음만 먹으면 한 번의 클릭으로 바로 손해를 보더라도 팔 수 있어요. 아까워서 손절을 못 하는 것이지, 안 팔려서 손절을 못 하는 경우는 드물죠. 그러다 보니 8년씩 주식을 묻어두는 경우는 주변에서 본 적이 없을 거예요.

그리고 장기투자를 할 땐 목돈이 묶이는 기회비용도 생각해야 해요. 주식에 물려 있는 돈을 다른 곳에 투자해서 굴린다면 더 큰 수익을 낼지도 몰라요. 이도 저도 아니라면 은행에만 넣어둬도 원금이 보장되고 이자라도 받을 거예요. 이쯤에서 원점부터 다시 생각해볼 필요가 있어요. 과연 장기투자가 항상 선인가? 우량한 가치주를 싸게 사서 오를 때까지 기다리는 투자가 과연 항상 옳은 것일까?

저는 주식으로는 아주 적은 비중만으로 장기투자를 해요. 이미 자산이 부동산과 주식으로 분산되어 있고, 부동산으로 충분히 장기투자를 하고 있기 때문입니다. 부동산은 5년 전에 매입한 똘똘한 한 채를 여전히 가지고 있어요. 이 부동산의 수익률은 1,000%가 넘어요. 그런데도 팔지 않고 있고, 앞으로도 당분간 팔지 않을 생각이에요.

하지만 주식은 달라요. 매일 아침 시장상황을 보고 수시로 매매를 합니다. 부동산과는 달리 꾸준히 현금흐름을 창출하는 데 목적이 있기 때문이에요. 저처럼 시장상황에 맞게 그네를 타듯 단기매매를 하는 투자법을 '스윙 트레이딩 매매법'이라고 해요.

주식의 장점을 가장 잘 살린 스윙 트레이딩

스윙 트레이딩(Swing Trading)의 '스윙'은 '그네'를 의미합니다. 말 그대로 주가는 한 곳에 오래 머무르지 않고 항상 그네처럼 왔다 갔다 한다는 뜻이에요. 그럼 이런 질문을 할 수 있어요. "스윙 트레이딩의 사전적 의미는 알겠어요! 실전에선 도대체 어떻게 하라는 건가요?"라고요.

실전 스윙 트레이딩이란 쉽게 말해서 저점에서 사서, 고점에서 파는 거예요. 그러니까 신중하게 우량 종목을 선택한 이후에 '언제 사서 언제 파느냐' 하는 타이밍에 더 집중한다고 할 수 있습니다. 아무리 우량주도 고점에 사면 돈을 못 번다는 게 제 신념이거든요. 부동산과 마찬가지예요. 제아무리 강남 부동산도 고점에 사면 시세차익을 내기 힘들죠.

타이밍이 중요하다면 이 타이밍을 파악하기 위해서 노력해야겠죠? 이건 차트 분석을 통해서 할 수 있어요. 가치투자에 익숙한 사람들에게는 차트 분석이 생소할 수 있는데 어렵게 생각할 거 없습니다. 차트 분석이란 지난 주가의 패턴을 분석해서 앞으로의 주가를 전망하는 기술이에요. 주가의 역사적 접근이라고도 할 수 있죠. 역사가 반복되듯이 주식의 패턴도 반복된다는 걸 전제로 해요. 물론 100% 차트만 보고 투자를 하면 낭패를 볼 수 있어요. 하지만 주식투자란 결국 확률 게임이기 때문에 투자 확률을 높이기 위해서 충분히 활용할 만한 참고 지표입니다.

스윙 트레이딩의 핵심

시중의 책들을 보면 스윙 트레이딩에 다양한 조건을 덧붙여요. 주식 매수 후 3일에서 일주일 안에 수익을 실현해야 한다거나, 시가 총액 15위 내의 우량주여야 한다거나, 이미 상승추세를 타고 있고 20일 이동평균선 위에 있어야 한다는 식이죠.

하지만 단순히 몇 가지 조건을 붙인다고 모든 상황에서 돈을 벌 수 있는 것은 아니에요. 때로는 이러한 조건을 벗어난 상황에서 스윙 트레이딩 매매법을 활용해 돈을 벌기도 해요. 따라서 몇몇 조건만 염두에 두고 무작정 스윙 트레이딩을 하는 것은 추천하지 않습니다. 그보다 본인이 거래할 의사가 있는 종목에 대해, 적절한 매수 타이밍(저점)과 매도 타이밍(고점)을 참고하기 위해 스윙 트레이딩을 활용하는 것이 좋아요. 초보자들이 따라 할 수 있는 스윙 트레이딩의 핵심 활용 방법은 다음과 같습니다.

① 매수하고자 하는 종목에 모멘텀(상승 동력)이 있을 때, 차트상 단기 이동평균선이 장기 이동평균선을 뚫고 올라가는 골든크로스가 나온다면 우리는 이를 적절한 매수 시점으로 참고할 수 있어요(100쪽 참조). 반대로 모멘텀이 소멸되고 차트상 데드크로스가 나온다면 매도 시점으로 잡을 수 있어요.

② 스윙 트레이딩 매매법은 주식가격의 추세가 전반적으로 상승하고 있을 때 유효해요. 상승추세가 아닌 하락추세에서는 스윙 트레이딩 매매법 적용이 쉽지 않죠. 물론 주가 하락에 배팅하는 인버스 투자가 있지만, 일반적인 투자보다 훨씬 초보자들이 접근하기 어려운 방법이라 추천하지 않습니다.

③ 스윙 트레이딩 매매법은 개별종목보다는 지수 위주로 접근을 하는 것이 좋아요. 개별종목의 경우 상승과 하락이 어디까지 이어질지 예측하기 힘들기 때문이에요. 개별종목의 변동성은 전망 가능한 범위를 벗어나는 경우가 많아요. 하지만 하나의 종목이 아닌 수백~수천 개 기업을 산출한 지수의 경우, 움직임의 폭이 어느 정도는 제한됩니다. 종목은 하루에도 두 자릿수로 떨어지고 오를 수 있지만, 일반적으로 지수는 등락 폭이 5% 미만이에요. 시장 대표 지수의 경우 일정 밴드 내에서 움직이죠. 대략적인 고점과 저점 예측이 가능해요. 따

라서 스윙 트레이딩 매매 시 대표 지수를 활용하는 것을 권
장합니다.

④ 스윙 트레이딩을 적절히 활용하기 위해서는 지수가 밴드(등
락 범위)상 어느 위치에 있는지를 파악하는 게 중요해요. 시장
상황이 급격히 변할 땐 밴드 자체가 변하기도 하는데, 일반적
으로 고점과 저점은 파악이 가능합니다. 예를 들어 코스피 지
수의 3개월 고점이 3,100, 저점이 2,600이라 가정하면, 앞으
로 경제 상황에 따라 최고 3,100, 최저 2,600까지 지수가 오르
거나 내려간다는 것을 예상해볼 수 있어요. 만약 현재 코스피
지수가 2,600 언저리라면 앞으로 3,100까지 상승이 가능하다
는 판단하에 저점 매수 타이밍으로 볼 수 있는 거예요.

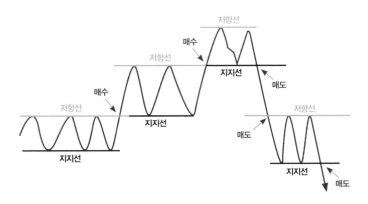

스윙 트레이딩 설명 그림

차트 추세선
100% 활용법

실전에서 스윙 트레이딩을 할 때 빠뜨릴 수 없는 게 바로 차트 분석입니다. 제가 주로 활용하는 차트는 이동평균선, 볼린저밴드, 일목균형표 이렇게 3가지예요. 이것들만 알아도 매매 타이밍을 잡기 충분하다고 할 수 있어요.

추세선으로 상승추세와 하락추세 확인하기

'추세'란 말 그대로 어느 기간 동안 같은 방향으로 움직이는 경향을 의미해요. 주식의 '추세선(Trend Line)'도 차트상 주가의 흐름이 일

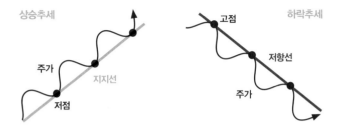

정한 직선 혹은 곡선의 형태로, 한 방향으로 움직이는 것을 뜻합니다. 주식 차트의 움직임은 마치 자연이 가지고 있는 '관성'의 법칙과도 같아요. 관성이란 원래 가던 대로 계속 가려는 힘을 의미하는데, 주가 역시 관성을 가지고 있어요. 상승추세에 있으면 계속 상승하려는 힘이 있고, 하락추세에 있으면 하락하려고 합니다.

처음 차트를 볼 땐 이 주식이 상승추세인지, 하락추세에 있는지를 파악하는 게 필요해요. 전체적인 흐름을 읽는 거죠.

- 상승추세선(지지선): 주가가 상승하는 동안 주가의 저점들을 연결한 선으로, 저점이 계속 높아지면 상승추세선이다. 주가가 하락할 때마다 추세선의 지지를 받아 다시 상승하게 되므로 지지선이라고 불린다.
- 하락추세선(저항선): 주가가 하락할 때 고점들을 연결한 선으로, 고점이 계속 낮아지면 하락추세선이

다. 주가가 반등할 때마다 추세선의 저
항을 받아 다시 하락하게 되므로 저항선
이라고 부른다.

일반적으로 하락추세보다는 상승추세에 있는 주식을 선택하는 게 좋습니다. 상승하던 주식은 관성에 의해 추가로 상승할 확률이 높기 때문이에요. 그런데 주가가 항상 오르기만 하는 건 아니에요. 추세가 바뀌기도 하는데 상승추세에 있던 주가가 하락추세로 전환될 수도 있어요. 이때 터닝 포인트가 되는 시점이 중요한데, 이를 관찰하는 게 바로 저항선입니다. 주가의 저항선이 어디인지를 찾고, 그것을 뚫고 더 떨어지는지를 봐야 해요.

반대로 주가가 하락추세인 경우에는 매수 타이밍을 주가가 상승으로 전환하는 때로 잡아야 합니다. 하락추세에 있던 주가가 저항선을 돌파하여 상승하면 상승추세로 전환된 것으로 볼 수 있어요.

차트상 상승추세와 하락추세를 잘 보면 주가의 매수와 매도 시점을 결정할 때 도움이 됩니다. 예를 들어 전반적인 하락추세에서 주가가 상한선(저항선)에 도달한다면 매도를 하고, 주가가 상승추세에 있을 때 주가가 지지선에 도달하면 추가 매수를 할 수 있어요. 주가가 오름세를 타고 있는 종목을 낮은 가격에 매수할 수 있는 시점을 알려주는 것이 지지선, 주가가 내림세를 보이고 있는 종목을 더 높은 가격에 매도할 수 있도록 그 시점을 알려주는 것이 저항선이에요.

하지만 추세선 하나만으로 매도와 매수 시점을 정확하게 판단하기에는 근거가 부족할 수 있어요. 추세선도 너무 가파르게 형성될 경우, 추격 매수를 했다가 금방 추세가 전환되는 등의 낭패를 볼 수 있기 때문이에요. 따라서 앞으로 설명할 이동평균선, 볼린저밴드, 일목균형표 등을 종합적으로 보고 판단을 해야 합니다.

이동평균선으로 골든크로스와 데드크로스 확인하기

'이동평균선'은 일정 기간 주가의 평균값을 선의 형태로 나타낸 거예요. 예를 들어 20일 이동평균선이라고 하면, 오늘로부터 지난 20일간의 주가를 합한 뒤 다시 20일로 나누어 평균치를 낸 값들을 이은 선이에요. 이동평균선은 장기(120일), 중기(60일), 단기(20일, 10일, 5일) 등으로 나뉩니다. 이동평균선을 통해서 확인할 점은 골든

크로스와 데드크로스예요. 앞에서도 골든크로스와 데드크로스는
스윙 트레이딩을 할 때 중요한 매매 기준이 된다고 설명했습니다.
절대적인 기준은 아니지만 눈여겨볼 시그널이에요.

 - 골든크로스: 단기 이동평균선이 장기 이동평균선을 돌파해 올
   라가는 현상으로, 강세장 전환을 나타내는 신호
 - 데드크로스: 단기 이동평균선이 장기 이동평균선을 돌파해
   아래로 내려가는 현상으로, 약세장 전환을 나타
   내는 신호

이때 120일 선과 60일 선 같은 장·중기 추세선보다는 20일 선이
나 10일 선 등의 단기 추세를 확인하면 추세의 전환을 훨씬 빠르
게 확인할 수 있어요.

볼린저밴드로 매매 타이밍 확인하기

볼린저밴드(Bollinger Bands)는 주가가 이동평균선을 중심으로, 일정한
범위 안에서 움직인다는 것을 전제로 개발됐습니다. 실제로도 통
상적으로 주가의 90~95%가 볼린저밴드의 상한선과 하한선 사이
에서 움직이고 있기 때문에 매수 및 매도 타이밍에 참고해볼 수

있어요. 상한선, 중간선, 하한선이라는 세 가지 선이 밴드를 이루는 형태로 구성되어 있는데, 실제로 이를 산출하는 공식이 있지만 너무 복잡하게 공식까지 암기할 필요는 없습니다. HTS를 통해 가격지표상 '볼린저밴드'를 차트 옵션으로 설정하면 쉽게 확인할 수 있거든요.

2022년 8월 2일 삼성전자 볼린저밴드

위의 차트에서 굵은 선을 주목하면, 위에서부터 순서대로 상한선, 중심선, 하한선입니다. 볼린저밴드상으로 주가가 상한선에 도달하면 매도 시점이고, 하한선에 도달하면 매수 시점으로 참고할 수 있어요.

마지막으로 참고할 만한 차트는 '일목균형표'예요. 일목균형표란 1935년 일본의 일목산인(一目山人)이라는 필명을 가진 주가 차트 전문가가 개발한 지표입니다. 주가에서 5개의 의미 있는 선을 이용하여 주가를 예측하는 기법이죠. 전환선, 기준선, 선행스팬, 후행스팬, 구름대로 구성되어 있는데, 개념 정립에 대한 원전만 장장 네 권에 달하는 분량이라 이 책에서는 다 다룰 수도 없어요. 물론 이 개념들을 100% 이해할 필요는 없습니다. HTS를 통해 설정만 하면 선들을 직접 그릴 필요 없이 자동으로 계산해서 보여주고, 5가지 구성 요소 중 구름대만 정확하게 보고 해석할 줄 알아도 큰 도움이 되기 때문이에요.

일목균형표도 볼린저밴드처럼 차트의 가격지표에서 일목균형표를 선택하면 자동으로 그려져요.

구름대에 대한 해석을 위해 국내 기업들의 과거 차트를 함께 살펴보도록 하겠습니다.

① 위메이드

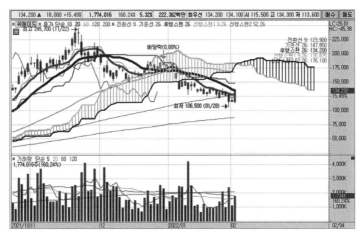

주황색과 파란색(위의 이미지에서는 초록색과 검은색으로 표현) 선으로 색칠한 부분이 구름대인데, 각각 상승과 하락할 수 있는 기운을 의미합니다.

- 주황색 선: 양운. 앞으로 상승할 수 있는 기운
- 파란색 선: 음운. 앞으로 하락할 수 있는 기운

양운이 생기기 전에 매수해서 양운이 음운으로 바뀌기 전에 매도하는 것이 기본적인 매수와 매도 타이밍을 잡는 방법입니다. 이때는 주가가 구름대 위에 있는지, 구름대 속에 있는지, 혹은 구름대 아래에 있는지도 중요해요. 주가가 구름대 위에 있는 것이 매수하기에 상대적으로 가장 안전한 타이밍이라고 볼 수 있어요. 만약 양운을 보이더라도 주가가 구름대 아래에 있다면 무조건적인 매수 타이밍이라고 볼 수 없고, 주가가 구름대 위에 있더라도 음운의 구름대라면 매수하지 않는 것이 좋습니다.

옆의 차트에서 보듯 위메이드는 2022년 2월 초 주가가 13만 4,200원 수준으로, 일목균형표상 양운에서 음운으로 바뀌고 있었어요. 이런 경우 추가 상승 여력이 굉장히 떨어진 것으로 판단에 참고할 수 있습니다. 이후 실제로도 2022년 8월 2일 기준 주가는 5만 7,200원으로 6개월간 약 60% 수준의 하락을 보였죠.

② 카카오게임즈

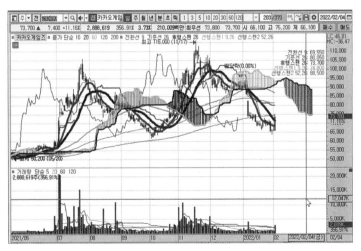

2022년 2월 4일 기준

카카오게임즈 역시 일목균형표에 의하면 양운이 음운으로 바뀌고 있기에 매수하기에 적합하지 않은 타이밍이었다고 볼 수 있어요. 실제로 6개월 뒤 주가는 5만 원대로 약 30%가량 하락했습니다.

③ 뉴프렉스

당시 양운을 보이긴 했으나, 주가가 구름대 안에 있었어요(5,220원). 따라서 주가가 구름대 위로 올라오는 것을 보고 매수하는 게 좋은 상황이었죠. 하지만 주가는 그 뒤로 구름대 아래로 내려갔고, 결국 양운이 음운으로 바뀌며 하락추세를 보였습니다.

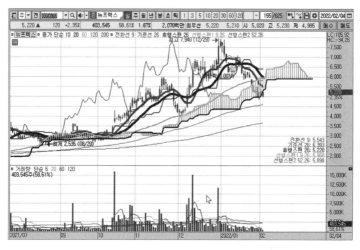

2022년 2월 4일 기준

④ SK하이닉스

2022년 1월 말경 주가가 양운 안에 있다가, 2월 4일 당시에는 양운 위로 올라온 것을 볼 수 있어요. 이럴 땐 현재 상승추세가 살아난 것이라고 할 수 있습니다. 그 뒤로 주가는 실제로 13만 4,000원까지 올라가 최고점을 찍었어요.

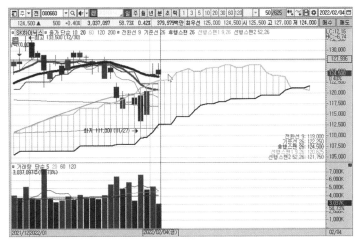

2022년 2월 4일 기준

마지막으로 가장 중요한 내용을 강조할게요. 추세선, 이동평균선, 일목균형표 등을 활용하더라도 100% 차트만 신뢰해서 주식투자를 하는 것은 위험하다는 점입니다. 차트를 해석하기 전 기업자체에 대한 분석을 반드시 선행해야 합니다. 기업 자체가 부실할 경우 차트 분석은 소용이 없기 때문이죠. 차트만 보고 거래하기 위해서 차트를 분석하는 것이 아니라, 좋은 기업을 매수하기 위한 타이밍과 매도해서 수익을 실현하기 위한 타이밍에 도움이 될 만한 지표로 활용하는 것이 차트의 진정한 역할임을 알아야 합니다.

두 가지 입장을
동시에 취하는 롱숏전략

모든 변수를 고려해 수익을 내는 롱숏전략

이번엔 또 다른 매매법에 대해 알아보겠습니다. 바로 롱숏전략이
에요. 어렴풋이 들어본 분도 있을 거고, 난생처음 들어본 분도 있
을 거예요. 천천히 개념부터 설명하겠습니다. 롱(Long)과 숏(Short)이
란, 앞으로의 주식시장 전망에 대한 투자자의 관점을 의미해요. 주
식시장이 앞으로 상승할 것이라고 전망할 때 롱포지션을 취한다
고 하고, 주식시장이 하락할 것이라는 관점을 가지고 있을 때 숏
포지션을 취한다고 표현합니다.

2008년 서브프라임 모기지발 금융위기를 주제로 한 영화 〈빅쇼

트)를 봤나요? 아마 영화는 재미있게 봤어도 제목에 적힌 '쇼트'의 의미를 정확히 이해하지 못한 사람이 많을 거예요. 롱숏에 대해 확실히 알게 되면 이 영화를 더 잘 이해할 수 있습니다.

국내에는 롱숏전략이 잘못 알려진 경우가 많아요. 인터넷에서 떠도는 개념들 중엔 오류가 많습니다. 롱숏전략을 이해하기 힘든 이유는 일반 투자자들이 흔히 쓰는 방법이 아니기 때문이에요. 주로 기관투자자들, 그중에서도 해외 헤지펀드들이 주로 쓰는 방법입니다. 그럼 찬찬히 기본 개념부터 설명하겠습니다. 롱숏전략이란 기본적으로 롱과 숏포지션을 동시에 취한다는 의미예요. 이 말이 다소 모호하게 들릴 수도 있어요. "롱은 오를 거라는 전망이고, 숏은 내릴 거라는 전망인데, 둘을 동시에 취한다고요? 이건 또 무슨 말이죠?"

롱숏전략은 전망이 어렵다는 것을 전제로 합니다. 오를 거라고 생각은 하지만 그렇지 않을 가능성도 늘 열어두는 거죠. 우리가 오를 거라고 100% 확신한다면 모든 자금을 한 곳에 다 걸면 됩니다. 그런데 시장엔 너무나 많은 변수가 존재해요. 현재로선 오를 확률이 높다고 생각하지만, 예상치 못한 변수로 인해 떨어질 수도 있어요.

만약 예상한 대로 시장이 움직이지 않을 땐 어떻게 해야 할까요? 이때 유용한 전략이 롱숏전략이에요. 롱과 숏의 두 가지 포지션을 함께 가져간다면 예상대로 오를 때 수익이 나고, 일부 손해를 볼 거예요. 반대로 예상한 대로 시장이 흘러가지 않는다면 롱포지션에 있는 상품은 손해를 보겠죠. 하지만 숏포지션에 있는 상품에선 수익이 나는 거예요. 시장이 예상한 대로 흘러가지 않더라도 100%의 손실을 보진 않게 되는 것입니다.

지금까지 주식이 오를 때만 수익이 난다고 생각했다면, 주식 하락장에서 수익을 낸다는 말이 다소 생소하게 들릴 수도 있어요. 그런데 이미 개인이 아닌 기관투자자들은 떨어질 때도 수익을 내고 있어요. 그것을 공매도라고 합니다. 주식에 관심이 없더라도 뉴스에서 공매도라는 말은 들어봤을 거예요.

공매도는 떨어질 거라고 생각하는 주식에 배팅하는 투자 방식이에요. 어떻게 가능하냐고요? 일단 떨어질 것 같은 종목을 선택합니다. 실제로 주식을 사는 게 아니라 빌리는 거예요. 빌린 주식을 팔아요. 그럼 주가가 떨어지겠죠? 그러면 실제로 하락했을 때 다시 삽니다. 그 시세차익만큼 수익을 취하고 빌렸던 주식을 갚아요. 투자 초보자들은 이 개념을 이해하기도 힘들고, 투자에 접근하는 것조차 쉽지 않습니다. 하지만 우리는 인버스 ETF 투자를 통해서 롱숏전략을 추구할 수 있어요.

수익률보다는 수익금이 중요하다

상승장에 유리한 종목과 하락장에 유리한 종목에 함께 투자하다 보니, 롱숏전략은 필연적으로 높은 수익률을 기대하기 힘들어요. 만약 주식시장이 오르면 롱포지션으로 투자한 상품에서 수익이 나겠지만, 숏포지션으로 투자한 상품에서는 수익을 잃기 때문이에요. 반대의 경우도 마찬가지입니다.

롱숏전략의 핵심은 높은 수익률을 내는 것이 아닙니다. 투자를 하는데 높은 수익률을 목표로 하지 않는다는 말이 의아하게 들릴 수도 있어요. 주식시장의 상승에만 배팅하는 롱 온리(Long Only) 포지션이나, 주식시장의 하락에만 배팅하는 숏 온리(Short Only) 포지션을 취하면 훨씬 더 큰 수익을 추구할 수 있는데 왜 하지 않는지 궁금할 수도 있어요.

물론 롱 온리나 숏 온리 전략을 취할 경우, 고위험·고수익 전략인 만큼 예측이 맞으면 큰 수익을 낼 수 있어요. 하지만 예측이 틀린다면 그만큼 큰 손해를 보게 됩니다. 그리고 우리는 시장의 불확실성으로 인해 앞으로 주식시장이 어떻게 될지 정확하게 예측할 수 없어요. 심지어 미래 시장을 전망하는 건 전문가들에게도 어려운 일이죠. 롱숏전략의 핵심은 수익률이 낮더라도 최소한 주식이 오를 때도 수익을 내고, 떨어져도 수익을 내는 것 자체에 있습니다.

따라서 수익률이 아니라 수익금에 초점을 맞춰야 한다는 것입니다. 수익률이 낮다 보니 최소 1,000만 원 이상 투자할 때 의미 있는 수익을 낼 수 있어요. 1,000만 원 정도를 투자해야 하루 0.5%

정도 수익이 났을 때 5만 원 정도를 벌 수 있기 때문이죠. 5만 원이 너무 적다는 생각이 들 수도 있지만, 결코 무시해서는 안 될 금액이에요. 매일 5만 원씩 평일 5 거래일 동안 수익을 내서 일주일에 25만 원을 벌면, 한 달이면 100만 원이 넘는 수익금이 생기기 때문이죠. 계속 강조하지만, 절약뿐만 아니라 수익도 티끌 모아 태산이 될 수 있다는 것을 기억해야 합니다.

포트폴리오 구성에 롱숏전략 활용하기

그렇다면 주식투자 포트폴리오 구성에 롱숏전략을 어떻게 활용할 수 있을까요? 이에 대한 해답은 바로 '분산투자'에 있습니다. 단 분산투자라고 해서 무조건 많은 종목을 보유한다는 의미는 아닙니다. 진정한 분산투자란 서로 상관관계가 적은 종목들을 보유하는 거예요.

첫째로 지수를 통한 분산투자입니다. 롱숏전략은 스윙 트레이딩과 마찬가지로 개별 주식보다는 지수 ETF 투자에 잘 맞아요. 다만 지수는 다소 제한된 움직임을 보이기에, 어느 정도 의미 있는 수익을 내기 위해서는 레버리지나 인버스 ETF 중에서도 2배수, 3배수 ETF에 투자하는 전략이 좋습니다.

만약 코스피 지수가 오를 거라는 생각이 든다면 레버리지 3배

수 ETF에 투자하되, 예상과 달리 시장의 하락 가능성이 보일 때 재빨리 인버스 3배수 ETF에 함께 투자할 수 있어요. 그런 경우 시장이 상승한다면 레버리지 ETF를 통해 수익을 얻고, 시장이 하락한다면 인버스 ETF를 통해 수익을 얻는 거죠. 그리고 코스피 지수가 하락한다면 인버스 ETF로 수익을 실현한 뒤, 손해를 보고 있는 레버리지 ETF를 추가 매수해 평단가를 낮춰서 향후 계좌 전체의 수익을 극대화시킬 수 있어요.

둘째로 롱숏전략을 활용한 분산투자는 개별 주식 종목에도 적용할 수 있어요. 예를 들어 삼성전자와 같은 반도체 섹터에 투자한다면, 반도체 섹터와 관계없는 다른 섹터에 함께 투자하는 거죠. 이때 주의할 점은, 서로 확실히 상관관계가 없어야 합니다. 만약 분산투자랍시고 삼성전자와 SK하이닉스에 동시에 투자한다면 이는 분산투자로 볼 수 없어요. 그냥 반도체 섹터 하나에만 투자한 것과 똑같은 결과입니다. 진정한 의미의 분산투자란 삼성전자가 오를 땐 삼성전자로 수익을 내지만, 삼성전자가 오르지 못할 때도 다른 섹터로 수익을 낼 수 있게끔 포트폴리오를 구성하는 거예요.

이렇게 롱숏전략을 활용해 포트폴리오 구성을 해두면, 어떤 시장상황이 오더라도 내 계좌에 수익을 내는 종목이 생길 수 있어요. 그리고 이를 통해 계좌 전체적으로 큰 손실을 보는 것을 방지할 수 있습니다.

미래를 유리하게 예측하는
콜옵션과 풋옵션

콜옵션, 풋옵션의 개념

이번에는 파생 거래에 대해 알아보겠습니다. 실물을 거래하는 게 아니라 실물에 파생된 권리를 거래하는 걸 말해요. 갑자기 어려워진다고 느낄 수 있지만 주식시장을 더 깊이 있게 이해하기 위해선 꼭 알아둬야 할 개념입니다.

옵션(Option)은 말 그대로 '선택권'을 의미해요. 금융시장에서 대표적으로 사용되는 옵션거래는 콜옵션(Call Option)과 풋옵션(Put Option)이 있습니다.

- 콜옵션: Call(사다) + Option(선택권)

- 풋옵션: Put(팔다) + Option(선택권)

콜옵션은 미리 정한 가격으로 미래(만기일이나 만기일 이전)에 주식을 '살 수 있는 권리'입니다. 반대로 풋옵션은 미리 정한 가격으로 미래에 주식을 팔 수 있는 권리예요. 왜 주식을 바로 사거나 팔지 않고, 굳이 기다렸다가 미래에 주식을 사거나 팔 수 있는 권리를 취득하는 걸까요? 주식 초보자라면 다소 이해하기 힘들 수 있어요. 하지만 투자자들이 언제 '살 수 있는 권리'와 '팔 수 있는 권리'를 원할지 각각의 상황의 예시를 살펴보면 그 필요성을 깨닫게 될 거예요.

수익은 올리고 손실은 제한하는 콜옵션

우선 콜옵션을 통해 이익을 내기 위해서는 미래에 가격이 오를 것이 예상돼야 합니다. 예를 들어 지금 사과 가격이 개당 1,000원이고, 앞으로 더 오를 거라고 예상되는 경우 6개월 뒤에 500원에 살 수 있는 권리를 매수할 수 있어요. 이를 '콜옵션을 매수한다'고 표현해요. 그리고 이를 매수자에게 파는 사람이 콜옵션 매도자가 됩니다.

이때 미래에 가격이 상승할 것으로 예상되는 것에 대해 저렴하게 살 수 있는 권리를 매수하는 대가로 매수자는 매도자에게 일종의 '프리미엄'을 지불해야 해요. 프리미엄이 없다면 매도자가 매수자에게 굳이 미래에 싸게 살 수 있는 권리를 줄 이유가 없기 때문이죠. 그리고 이 프리미엄이 곧 콜옵션의 가격이 됩니다. 만약 사과 개당 프리미엄이 50원이라면, 50원이 사과를 사는 콜옵션의 가격이 됩니다. 매수자는 50원이라는 프리미엄(콜옵션가)을 지불함으로써, 미래에 사과를 500원에 살 수 있는 권리를 취득하는 거예요. 이 상황에서 사과의 가격이 500원보다 오른다면 콜옵션 매수자는 이득을 보는 것입니다.

이해를 돕기 위해 사과가 2,000원이 되는 경우를 가정해보겠습니다. 만약 앞서 콜옵션 거래가 아닌 일반적인 매매를 했다면, 원래 사과 가격인 1,000원을 주고 취득했다가 현재 2,000원이 된 것

콜옵션 정리

- 현재 사과 가격: 1,000원
- 6개월 뒤 사과 가격: 1,000원보다 상승할 것으로 예상
→ 6개월 뒤 500원에 매수할 수 있는 권리를 얻는 것이 '콜옵션 매수'
→ 콜옵션을 매수하기 위해 지불하는 가격(50원)이 '콜옵션 프리미엄(콜옵션 가격)'

이니 시세차익은 사과 개당 1,000원이에요.

하지만 일반적인 매매가 아닌, 콜옵션 매수를 했다면 상황이 달라집니다. 콜옵션 가격(프리미엄)은 50원이었어요. 즉 최초 투자금액은 50원입니다. 그리고 시간이 지나 사과 가격이 2,000원이 되었을 때, 2,000원이 된 사과를 500원에 살 수 있어요. 그러면 사과 개당 총 투자금은 프리미엄가인 50원과 콜옵션 행사가격인 500원을 합한 550원이 됩니다. 그리고 현재 가격이 2,000원이므로 시세차익은 2,000원에서 550원을 뺀 1,450원이 되는 거죠. 콜옵션을 매수하는 것이 훨씬 더 큰 시세차익을 누리게 되는 거예요.

사과 가격이 1,000원에서 2,000원이 되는 경우

- 일반적인 매매: 시세차익 1,000원(현재가 2,000원 - 과거 구매가 1,000원)
- 콜옵션 매매: 시세차익 1,450원(현재가 2,000원 - 콜옵션 행사가 500원 - 프리미엄 50원)

→ 시세차익이 훨씬 큼

반대로 사과 가격이 6개월 뒤 500원보다 하락하면 어떻게 될까요? 예를 들어 앞과 동일한 상황에서, 예상과 다르게 6개월 뒤 사과 가격이 450원이 되었다고 가정해보겠습니다. 그러면 콜옵션

매수자는 굳이 콜옵션 행사를 하지 않고, 콜옵션 행사 권리를 포기할 수 있어요. 하지만 이미 프리미엄은 지불을 했기에, 사과 개당 50원만 손해 보면 됩니다.

사과 가격이 1,000원에서 450원이 되는 경우

- 일반적인 매매: 550원 손실(현재가 450원−과거 구매가 1,000원)
- 콜옵션 매매: 50원 손실(거래 포기로 프리미엄 50원만 손해)
→ 손해가 적음

이렇게 콜옵션 매수를 하면 향후 주가의 변동에 따라 수익은 무한대로 올라갈 수 있고, 손실은 정해져 있다는 것이 최고의 장점이에요. 참고로 옵션의 매수자는 권리를 포기할 수 있지만, 매도자는 매수자가 결정한 대로 따라야 합니다.

하락장에서도 시세차익을 누리는 풋옵션

풋옵션은 콜옵션과 반대로 옵션거래에서 미래 특정 시기에 미리 정한 가격으로 '팔 수 있는 권리'예요. 만약 똑같이 1,000원짜리 사과를 6개월 뒤 500원에 팔 수 있는 권리를 50원에 매수했다고 가

정해보겠습니다. 이 경우 콜옵션과 반대로 주가가 500원보다 더 크게 하락해야 이득을 볼 수 있어요.

풋옵션 정리

- 현재 사과 가격: 1,000원
- 6개월 뒤 사과 가격: 500원보다 하락할 것으로 예상
→ 6개월 뒤 500원에 매도할 수 있는 권리를 얻는 것이 '풋옵션 매수'
→ 풋옵션을 매수하기 위해 지불하는 가격(50원)이 '풋옵션 프리미엄(풋옵션 가격)'

이 상황에서 6개월 뒤 사과 가격이 100원으로 하락하는 경우, 500원에 팔 수 있는 권리를 사두었기에 총 400원의 시세차익을 누릴 수 있어요. 여기서 프리미엄으로 지불한 50원을 제외하면 최종 시세차익은 350원이 됩니다. 일반적인 매매에서는 하락장에 손해를 보지만, 풋옵션을 매수해두면 하락장에서 시세차익을 누릴 수 있어요.

반대로 동일한 상황에서 예상과 달리 사과 가격이 오른다면 풋옵션 매수자는 콜옵션과 마찬가지로 거래를 포기할 수 있어요. 그런 경우 프리미엄으로 지불한 풋옵션 가격 50원만 손해를 보게 됩니다. 역시 기존의 풋옵션 매도자는 풋옵션 매수자의 최종 선택을

따르게 되죠. 콜옵션과 마찬가지로 풋옵션에서도 손실은 제한되어 있고, 수익이 발생할 경우 큰 시세차익을 누릴 수 있다는 것이 장점입니다.

주식이 상승할 것 같을 때는 싸게 살 수 있는 권리를 가지고 싶을 테니 콜옵션 매수자가 많아집니다. 반대로 주가 하락이 예상될 때는 풋옵션 매수자가 많아져요. 이 원리만 이해해도 뉴스 기사 해석과 주가 예상이 훨씬 쉬워질 거예요.

선물거래와 옵션거래의 차이점

콜옵션 거래의 경우, 미리 정한 가격으로 미래에 주식을 살 수 있는 권리를 취득한다는 점에서 '선물'거래와 같다고 오해하기 쉬워요. 하지만 간단하게 설명하자면, 선물거래와 옵션거래는 권리와 의무의 범위에 있어 큰 차이가 있습니다. 선물시장에서는 매수자와 매도자가 동일하게 권리와 의무를 부담해야 합니다. 하지만 옵션시장에서는 매수자는 권리를 가질 뿐 의무를 가지지 않아요. 이익이 발생하면 옵션 권리를 행사하고, 손해가 예상되면 권리 행사를 포기할 수 있어요. 반대로 매도자는 매수자가 옵션 권리를 행사하면 반드시 응해야 할 의무가 있습니다.

옵션거래란 복권 구매와 비슷하다고 생각하면 됩니다. 복권이란 당첨될 수 있는 '권리'를 사는 거죠. 당첨되면 당첨금을 받아 이익을 실현하면 되고, 반대로 당첨이 되지 않더라도 복권 가격(프리미엄)을 날릴 뿐 별다른 의무를 지지는 않아요.

선물거래는 주로 원유와 같은 원자재 거래 시, 현물거래에 애로사항이 많은 경우를 위해 만들어졌어요. 만약 원유를 현물로만 거래한다면 사고팔기 위해서 배가 몇 척씩 필요하고 그에 따른 비용도 많이 발생할 거예요. 이렇게 현물거래가 힘든 원자재 계약 시 선물거래를 활용합니다. 우리가 주식투자를 할 때 선물거래까지 신경 써야 할 일은 크게 없으므로, 이 정도의 개념을 이해해두기만 해도 충분해요.

콜옵션, 풋옵션을 알아야 하는 진짜 이유

일반적인 주식투자를 할 때 당장 쓸 수 있는 것도 아닌데 왜 굳이 옵션거래까지 공부해야 하는지 의아하게 생각할 수도 있어요. 실제로 옵션거래 시장은 전체 금융시장에서 우리가 일반적으로 접하는 매매시장보다 훨씬 더 상위개념이에요.

그러나 이 상위개념의 시장이 결국 우리가 접하는 일반적인 주식시장에도 큰 영향을 미치기에 옵션거래에 대한 이해가 꼭 필요합니다. 기업 M&A(인수합병)의 한 방법으로 콜옵션 거래를 했다는 소식을 듣고 기업의 주가 상승을 예측해볼 수 있어요. 혹은 반대로 풋옵션 거래가 증가했다는 얘기를 듣고 시장의 큰손 투자자들이 앞으로 잠재적으로 시장에 매도 물량을 늘릴 수 있다는 것 역시 예측할 수 있죠.

이렇게 '옵션거래' 이슈는 특정 기업에 관심을 가지고 경제 뉴스를 읽다 보면 종종 접하게 되는 단어이고, 옵션거래에 대한 이

한국경제 2021.07.07. 네이버뉴스
펠로시는 왜 아마존·엔비디아 등 기술주 풀옵션 사들였을까
또 5월21일에는 애플의 주식 풀옵션(행사가격 100달러, 만기 2022년6월17일)을 50계약 매수했고, 같은 날 아마존 풀옵션(행사가격 3000달러, 만기 2022년6월17일)...

펠로시 옵션거래 '대박'...혹시 정보 미리 ... 한국경제 2021.07.07. 네이버뉴스

콜옵션 매수 관련 기사

SBS Biz   2021.05.18.   네이버뉴스

영화 '빅쇼트' 주인공, 테슬라 풋옵션 5.3억 달러 매수

2008년 미국의 주택시장 붕괴를 예견했던 영화 '빅쇼트'의 실제 주인공 마이클 버리가 5억 달러가 넘는 규모의 **테슬라 풋옵션**을 사들인 것으로 나타났습니다. 현...

영화 '빅쇼트' 실존 인물...**테슬라** ...   이데일리 PiCK   2021.05.18.   네이버뉴스
금융위기때 떼돈 번 '빅쇼트' 주...   헤럴드경제 PiCK   2021.05.18.   네이버뉴스
'빅쇼트' 주인공 마이클 버리, **테슬**...   한국경제 PiCK   2021.05.18.   네이버뉴스
영화 '빅쇼트' 주인공, **테슬라** 주가 하락에 베팅... 5억 ...   쿠키뉴스   2021.05.18.

관련뉴스 6건 전체보기 ›

풋옵션 매수 관련 기사

해가 올바르게 되어 있어야 뉴스 기사의 해석도 가능합니다. 주식 투자자가 되기로 결심한 이상, 옵션거래에 대한 이해는 필수인 셈이죠. 그러나 혹시라도 이번 장의 내용들을 100% 이해하지 못했다고 해도 너무 좌절하지 마세요. 각각의 개념을 이해하고, 각 옵션거래 행사의 의미 정도만 알아도 뉴스 해석이 필요한 순간에 분명 큰 도움이 될 테니까요.

나만의 짠투자 포트폴리오 구성하기
5 STEP

지금부터 어떻게 포트폴리오를 구성할지 알아보도록 하겠습니다. 본격적으로 포트폴리오를 구성하기에 앞서, 포트폴리오를 대하는 자세에 대해 먼저 짚고 넘어갈 필요가 있어요. 우리가 목표로 하는 것은 얼마를 투자하든 잃지 않고 꾸준히 수익을 내는 거예요. 따라서 과도하게 무리한 목표를 정하는 것보다는 소액이라도 꾸준히 모아서 큰돈을 만든다는 관점으로 접근해야 합니다. 매달 또박또박 적금 들 듯이 주식투자를 한다고 생각하면 쉬워요. 장기투자를 해서 큰 시세차익을 내겠다는 생각보다는 내가 가진 현금을 계속 굴려서 꾸준히 현금흐름을 창출하는 데 초점을 맞추는 게 좋아요.

STEP 1. 해외와 국내 주식의 비중을 정하자

꾸준히 현금흐름을 창출하는 주식투자를 위해서는 포트폴리오 분산이 가장 중요해요. 포트폴리오 분산은 다양한 방법으로 가능한데, 우선 큰 범주로 보면 해외 주식과 국내 주식으로 구분할 수 있습니다. 이때 해외와 국내 주식의 비중은 7:3 정도를 추천해요. 제 관점에선 국내보다는 해외 주식에서 수익을 내기가 더 쉽기 때문이에요. 실제로 제 투자 수익금을 보면 국내보다는 해외가 더 많아요. 물론 해외 주식으로 번 투자 수익금에 대해선 22%(지방세 포함)에 달하는 양도소득세가 붙습니다. 일정 수준 이하에선 양도세를 내지 않아도 되는 국내 주식과는 달라요. 저 역시 해외 주식투자 수익금에 대한 양도소득세를 내면서 유쾌하진 않았어요. 그래도 세금은 벌었으니까 내는 거죠. 세금을 내고 나서도 국내와 해외를 비교하면 해외 투자 수익금이 더 많습니다.

투자 가능한 목돈이 5,000만 원이라면?

① 5,000만 원의 10%인 500만 원은 코인, 금 등 다른 대체상품에 투자
② 나머지 4,500만 원 중 70%인 3,150만 원은 해외 주식에 투자
③ 나머지 4,500만 원 중 30%인 1,350만 원은 국내 주식에 투자

그다음으로 할 일은 구체적으로 어떤 섹터에 투자할 건지를 정하는 거예요. 이 과정은 투자 범위를 해외와 국내로 구분했던 것에서 한 단계 더 좁힌 거라고 할 수 있어요. 투자에선 이런 방식을 탑다운(Top-Down)이라고 표현합니다. 시장의 큰 흐름을 읽고, 해당 섹터에서 원하는 투자 기업을 찾는 방식을 말해요.

탑다운의 반대는 바텀업(Bottom-Up) 방식입니다. 이는 섹터나 시장 흐름과 무관하게 개별 기업 자체의 역량이 뛰어난 경우를 발굴해요. 일반적으로 주식투자를 업으로 하지 않는 이상 바텀업보다는 탑다운 방식이 더 유리하다고 할 수 있어요. 바텀업으로 우량 종목을 발굴하려면 실제 현장에서 기업에 대해 상세하게 알아야 하기 때문입니다.

섹터에 대해 이해하기 위해서는 HTS 활용이 큰 도움이 됩니다. HTS에서 업종 구분을 보면 음식료업, 섬유의복, 종이목재, 화학, 의약품, 비금속광물, 철강금속, 기계, 전기전자, 의료정밀, 운수장비, 유통업, 전기가스업, 건설업, 운수창고, 통신업, 금융업, 증권, 보험, 서비스업, 제조업 등으로 세분화되어 있어요. 업종별 구성 종목을 보면 해당 섹터에 포함된 기업들도 파악할 수 있죠. 우리가 잘 아는 삼성전자는 전기전자 업종이자 대형주에 속한다고 할 수 있어요.

업종명	현재가	전일대비	등락률	거래량	구성종목명	현재가	전일대비	등락률	거래량
의약품	17,177.98 ▼	144.06	-0.83	12,535	휴니드	8,800 ▼	140	-1.57	495,575
비금속광물	2,685.05 ▼	5.37	-0.20	6,096	삼성전자	78,700 ▼	1,600	-1.99	14,240,502
철강금속	4,621.92 ▼	54.75	-1.17	5,981	삼성전자우	71,400 ▼	1,000	-1.38	1,102,360
기계	1,122.14 ▲	7.41	+0.66	44,441	대원전선	1,730 ▲	50	+2.98	479,367
전기전자	30,272.60 ▼	357.69	-1.17	61,391	대원전선우	2,975 ▼	5	-0.17	5,058
의료정밀	3,104.77 ▲	22.71	+0.74	1,015	삼성SDI	664,000 ▲	13,000	+2.00	167,896
운수장비	2,132.80 ▼	1.70	-0.08	17,351	삼성SDI우	348,500 ▲	9,500	+2.80	4,026
유통업	377.21 ▼	3.02	-0.79	25,544	디티알오토모	61,100 ▲	100	+0.16	20,216
전기가스업	789.15 ▼	10.19	-1.27	4,506	선도전기	3,530 ▲	110	+3.22	210,252
건설업	116.01 ▼	0.65	-0.56	9,369	이수페타시스	6,800 ▲	100	+1.49	3,828,840
운수창고	2,050.19 ▲	67.00	+3.38	11,466	코리아써키트	30,900 ▲	650	+2.15	1,382,565
통신업	416.02 ▼	20.35	-4.66	4,581	코리아써우	8,720 ▲	310	+3.69	52,306
금융업	434.41 ▼	12.06	-2.70	41,573	코리아써키트2	9,820 ▲	190	+1.97	7,637
증권	2,126.10 ▼	90.48	-4.08	14,489	대동전자	8,710 ▼	210	-2.35	37,100
보험	13,449.74 ▼	684.41	-4.84	4,336	아남전자	2,345 ▲	75	+3.30	394,067
서비스업	1,924.62 ▲	2.79	+0.15	17,271	코이거ㅜ	35,100 ▼	150	-0.43	6,448
제조업	7,616.23 ▼	61.85	-0.81	241,043					

STEP 3. 5개의 섹터를 구성하자

개별종목을 보기 전에 섹터를 먼저 확인하는 탑다운 방식으로 접근하면 포트폴리오를 구성하는 일이 좀 더 수월해져요. 그렇다고 해서 지나치게 많은 섹터를 보유하는 것은 추천하지 않습니다. 관리가 힘들기 때문이에요. 대략 5개 정도의 섹터 구분만 하더라도 어느 정도 위험이 적절히 분산되고, 수익을 낼 수 있는 유망한 섹터를 담을 수 있어요. 또한 섹터 선택 시 국내에만 국한하는 것이 아니라, 해외와 국내를 함께 봐야 해요.

섹터에 대한 선호도와 투자 적절 여부는 투자 시기에 따라 달라지기 때문에 절대적인 원칙이란 없습니다. 하지만 이해를 돕기 위해 간단한 예를 들자면, 옆과 같이 향후 주가 상승 모멘텀(동력)이 있으나, 섹터 간 서로 큰 영향을 주지 않아 한 섹터의 등락이 다른 섹터를 좌지우지할 가능성이 낮은 것들로 구성해볼 수 있어요(만약 여기서 앞에서 설명한 롱숏투자를 떠올렸다면 100점입니다).

아래는 2022년 추천하는 포트폴리오입니다. 시장상황 변화에 따라 섹터를 리밸런싱(운용하는 자산의 편입 비중을 재조정하는 일)해야 한다는 사실도 기억해주세요.

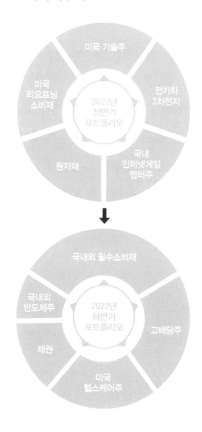

STEP 4. 주식 계좌도 생물을 키우듯 보살피자

각 섹터를 대표하는 주식들을 공부해서 매매한다면 비로소 포트
폴리오가 완성됩니다. 하지만 사실 주식투자는 이제부터가 진짜
시작이에요. 한번 포트폴리오를 구성했다고 그냥 방치하면 절대
수익을 낼 수 없기 때문이죠. 마치 살아 있는 생물을 키우듯이 지
극한 관심을 가지고 예리하게 관찰하고 보살펴줘야 합니다. 마치
아이나 반려동물을 키우듯이 아픈 종목은 없는지, 왜 아픈지 지속
적으로 관심을 가지고 돌봐줘야 해요.

여기서 말하는, 계좌를 돌보고 키우는 방법이란 ① 매일 경제
뉴스를 읽고, ② 종목 수익률에 영향을 미치는 변수를 점검하고,
③ 급락하면 매수하고, ④ 급등하면 파는 것을 의미합니다. 말은
쉽게 했지만, 사실 초보 투자자들이 가장 어려워하는 부분이 바로
급락과 급등의 시점을 알고 매수와 매도를 적절히 하는 거예요.
하지만 꾸준히 연습하다 보면 이 능력이 키워진답니다. 충분히 나
아질 수 있어요.

STEP 5. 본격적인 투자 전 소액으로 연습하자

앞서 1,000만 원을 예시로 들었지만, 1,000만 원이 있다고 곧바로

투자를 시작해도 되는 것은 아니에요. 아직 준비되지 않은 투자 초보자라면 1,000만 원을 투자한 뒤 등락에 전전긍긍하느라 일이 손에 잡히지 않을 거예요. 그러니 1,000만 원을 걸어도 내가 마음이 편할 정도로 투자에 대한 내공을 갖췄는지, 그렇지 않은지 반드시 미리 생각해봐야 합니다.

초보 투자자 시절에는 스윙 트레이딩의 핵심을 올바르게 이해하고, 우선 소액으로 연습하는 그 자체로도 의미 있다는 것을 알아야 해요. 이를 통해 시장에 대한 실전 감각을 기를 수 있기 때문이에요. 수익금이 작고 귀엽더라도 수십 번 연습을 반복하다 보면 어느새 투자 내공이 쌓이고, 사소한 등락에 연연하지 않을 수 있을 만큼 정신력도 강해집니다. 그리고 그런 시간을 거쳐야만 시간이 지나도 지속적으로 수익을 낼 수 있는 본인만의 투자 방법이 다져진답니다.

4장

투자할 때
꼭 알아야 할
기업 분석법

기업을 이해하는 기본,
재무제표 보는 법

아마도 이번 장은 여러분에게 도전일 거예요. 하지만 이번 장을 정복하면 여러분은 주식투자에 있어 정말 강력한 무기를 장착하게 됩니다. 무슨 내용이기에 이렇게 뜸을 들이냐고요? 바로 재무제표(Financial Statement)입니다.

기업의 재무제표는 기업의 재무와 성과에 관한 보고서를 의미합니다. 주식투자를 하지 않는 사람들도 재무제표란 단어는 들어봤을 거예요. 재무제표에 관한 책도 무척 많죠. 그런데 이 책의 핵심은 재무제표가 아니기 때문에 주식으로 수익을 내려고 하는 우리에게 꼭 필요한 내용만 쏙쏙 뽑아서 공부할 겁니다. 숫자가 많고 용어가 어려워서 그동안 포기했던 분들도 있을 거예요. 이제부터 정말 쉽게 핵심만 쏙쏙 골라서 설명해줄 테니까 집중하면 누구든 이해할 수 있어요!

재무제표를 이해하는 데 있어서 반드시 알아야 할 3가지 개념이 있습니다. 대차대조표, 손익계산서 그리고 현금흐름표예요. 하나씩 살펴보도록 할게요.

대차대조표, 기업의 재무상태 바로 알기

재무상태표라고도 불리는 대차대조표(Balance Sheet)는 일정 시점에서의 기업 재무상태를 보여주는 회계보고서입니다. 재무상태표를 통해 기업이 해당 기간 얼마만큼의 자금을 어디서 조달하여 어떻게 투자했고, 이를 통해 어느 정도의 이익을 냈는지와 어느 정도의 부채가 있는지를 알 수 있어요.

예를 들어 여러분이 나중에 저처럼 창업을 한다고 가정할게요. 먼저 법인을 설립해야 하는데, 그러려면 자본금이 필요해요. 첫 자본금의 액수는 크게 중요하지 않아요. 중요한 건 회사를 설립하는 데 자본금이 꼭 필요하다는 사실입니다. 자본금은 회사를 설립하기 위해서 주주들이 투자하는 돈이에요.

그런데 만약 나중에 회사 규모를 키우기 위해 대출을 받는다면, 회사를 운용하기 위해 쓸 수 있는 자금이 추가되는 거죠. 다시 말해 대차대조표는 이 회사가 '어디서 어떻게' 돈을 마련해서 쓰고 있는지를 알려줍니다. '부채도 자산이다'라는 말이 그래서 나온 거예요. 회사의 입장에서는 주주들의 자본금이든 금융기관에서 빌린 대출이든 결국 회사 운영을 위해서 쓰이는 돈이라고 보는 거죠.

이렇게 회사를 운영하기 위해서 활용하는 모든 자산을 총자산이라고 하고, 총자산은 자본금과 대출로 구성됩니다. 대차대조표는 차변의 자산과 대변의 자본과 부채로 구성되어 있어요. 자본과 대출을 합친 값이 총자산이기 때문에 차변과 대변은 서로 같은 값으로 맞아떨어져야 해요.

대차대조표	
차변	대변
자산 I. 유동자산 (1) 당좌자산 (2) 재고자산 II. 비유동자산 (1) 투자자산 (2) 유형자산 (3) 무형자산	부채 I. 유동부채 II. 고정부채 자본 I. 자본금 II. 자본잉여금 III. 이익잉여금
자금이 어떻게 사용되었고, 얼마만큼 남아 있는지를 보여줌	자금을 어디서 어떻게 조달했는지를 보여줌

차변인 자산은 기업이 소유하고 있는 각종 유무형의 법적 권리와 물건을 보여줍니다. 재무상태표 작성 시점을 기준으로 1년 내 현금화가 가능하면 유동자산, 그렇지 않으면 비유동자산으로 구분해요.

우리가 대차대조표를 통해 확인해야 할 것은 부채비율이에요. 부채비율이 지나치게 높으면 대출을 많이 받았다는 의미입니다. 부채비율이 높으면 효율성은 높지만 위기 상황에서 리스크가 높아질 수 있어요. 부채는 반드시 갚아야 할 돈이에요. 이자도 또박또박 내야 하죠. 금리가 낮을 땐 이자 부담이 적지만, 예상치 못한 돌발 변수로 금리가 올라가면 이자 부담이 커질 수 있어요. 따라서 부채비율은 적정선을 유지하는 게 중요합니다.

손익계산서, 경영 실적에 대한 결과물

재무제표를 잘 모른다면 손익계산서(Income Statement)가 대차대조표와 비슷하다고 생각할 수 있어요. 하지만 대차대조표와 손익계산서는 전혀 다른 개념입니다. 대차대조표는 단지 회사의 자산 현황을 보여줄 뿐 실적에 대한 정보는 볼 수 없어요. 매출을 많이 올리는 우량한 회사인지를 알려면 손익계산서를 봐야 합니다. 손익계산서는 일정 기간 동안의 기업의 경영성과를 크게 수익과 비용으

손익계산서
매출액 − 매출원가 =매출총손익
매출총손익 − 판매비와 관리비(판관비) =영업이익
영업이익 + 영업 외 수익 − 영업 외 비용 =법인세비용 차감 전 순손익
법인세비용 차감 전 순손익 − 법인세비용 =당기순이익

로만 나타낸 보고서예요. 자본금과 대출로 만든 자산을 얼마나 잘 굴려서 실적을 잘 냈는지를 보여주는 거죠. 회사 경영의 결과물이라고 할 수 있어요.

손익계산서는 매출액, 영업이익, 당기순이익 이렇게 3가지 항목으로 구성됩니다. 이 개념들은 헷갈릴 수 있으니 이번 기회에 확실히 이해하도록 할게요.

매출액은 기업이 영업활동을 통해 발생시킨 매출 총액을 의미합니다. 비용은 전혀 빼지 않아요. 매출은 가격(P)과 판매량(Q)으로 산출됩니다. 판매가가 오르거나 판매량이 늘면 매출이 늘어나는 거죠. 그런데 매출에는 착시현상이 작용할 수 있어요. 판매가가 오르긴 했는데 생산을 위해 들어간 원가가 더 많을 수도 있습니다. 한마디로 손해를 보고 파는 거예요. "왜 그런 손해 보는 장사를 하죠?"라고 물을 수 있어요. 하지만 플랫폼 기업들의 경우 미래를 보고 점유율 확대를 위해 적자 전략을 쓰기도 합니다. 카카오도 카카오톡이 국민 메신저가 되기 전까진 무료로 서비스해서 시장점유율 확장에만 주력했어요. 이후 전 국민이 사용하는 메신저가 되고 나서 유료 서비스를 도입했죠.

영업이익은 매출액에서 비용을 뺀 거예요. 겉보기엔 벌고 있는데 뒤로는 까이면 남는 게 없겠죠. 매출액이 플러스고 영업이익은 마이너스일 수 있는데, 매출원가와 각종 판매비와 관리비(인건비, 광고비, 접대비 등)가 많이 들면 그렇습니다. 매출원가 증가는 원자재 가격이 상승할 때, 인건비 증가는 인센티브 급증이나 명예퇴직이 증가할 때 나타날 수 있어요. 보통 애널리스트의 리포트나 경제신문에서 '기업 실적이 좋아진다'라고 표현할 땐 영업이익을 의미하는 것이라고 생각하면 됩니다.

당기순이익은 기업의 모든 수익에서 세금을 비롯한 전체 비용을 차감한 뒤 기업에 실제로 남은 돈을 의미해요. 진짜 번 돈은 당기순이익입니다. 세금까지 계산해야 손에 쥐는 돈이 얼마인지를 알 수 있어요.

그런데 기업 실적을 논할 때 당기순이익보다는 영업이익을 더 중시해요. 일반적으로 기업가치는 핵심 사업의 성과가 중요하기 때문이에요. 세금은 나라마다, 정권마다 달라질 수 있어요. 예를 들어 윤석열 정부는 기업에 대한 법인세를 인하했어요. 그럼 기업 결과와는 무관하게 정부 정책의 변경에 따라 당기순이익이 달라집니다.

또 다른 경우는 본업 이외의 사업으로 돈을 벌 수도 있어요. 대표적인 사례는 테슬라인데, 비트코인이 한창 핫할 때 코인 투자로 많은 수익을 냈죠. 코인 투자 덕분에 당기순이익 높았던 적도 있습니다. 당기순이익에는 이렇게 본업 외로 번 돈도 다 합쳐지기 때문에 영업이익을 더 중요하게 보는 거예요.

현금흐름표, 기업의 흑자 및 적자 여부 알기

현금흐름표(Cash Flow Statement)는 일정 기간 현금의 유입, 유출과 관련된 거래 내역을 나타내는 지표입니다. 크게 영업활동, 투자활동, 재무활동으로 인한 현금흐름으로 나눠볼 수 있어요.

영업활동으로 발생한 현금흐름을 통해 기업이 핵심 사업모델로 돈을 벌고 있는지 확인할 수 있어요. 사실 우량기업이라고 하면 영업활동으로 인한 현금흐름이 좋아야 합니다. 영업활동 현금

● 현금흐름 보는 법 6가지

영업 활동	투자 활동	재무 활동	가능한 해석
+	−	−	영업활동에서 얻은 현금으로 투자를 하고 빚을 갚거나 배당금을 지급하는 이상적인 기업, 우량기업일 확률이 높다.
−	−	+	영업활동에서의 손실과 생산 설비 확충 등의 투자를 위해 은행 대출을 통해 몸집을 키우는 기업, 신생기업일 확률이 높다.
+	+	−	영업활동에서 얻은 현금으로 투자를 하고 부채를 상환하고 있다.
+	−	+	영업활동에서 얻은 현금과 은행에서 빌린 돈으로 생산 시설 등에 대한 투자를 하고 있다.
−	+	+	영업활동에서의 손실을 생산 시설을 팔거나 돈을 꾸는 방식으로 메꾸는 기업, 부실 기업일 확률이 높다.
−	+	−	영업활동에서의 손실과 은행에서 진 빚을 자산 매각을 통해 조달하고 있다.

출처: e쉬운경제

흐름은 마이너스인데 다른 활동으로 인한 현금흐름이 플러스라면 이 기업은 본업에 충실하지 않고 있다고 볼 수 있어요.

투자활동으로 인한 현금흐름은 기업의 자산 처분이나 신규 투자활동으로 인한 현금흐름을 나타냅니다. 보통 기업이 공격적으로 투자하는 경우 마이너스로 나타나요. 그러니까 마이너스라고 해서 나쁘게 볼 필요는 없어요. 이 기업이 어디에 투자했는지를 확인하는 게 더 중요하죠. 만약 기업이 성장을 위해 투자를 했다면 그건 장기 성장 동력이라고 긍정적으로 해석할 수도 있어요. 반대로 플러스인 경우는 보통 기업의 자산을 매각하며 현금이 생긴 경우가 많습니다. 예를 들어 본사로 쓰던 빌딩을 팔아 재임차를 했다면 투자활동으로 인해 일회성 현금흐름이 창출됐다고 볼 수 있어요.

재무활동을 위한 현금흐름은 현금의 차입이나 상환, 혹은 배당금 지급 등으로 인한 현금의 움직임을 보여줍니다. 보통 은행에 빚을 갚거나 배당을 지급하면 마이너스, 반대로 은행에 빚을 더 내거나 유상증자(기업이 주식을 추가로 발행해 자본금을 늘리는 것)를 하는 경우 플러스로 나타나요.

현금흐름표는 대차대조표나 손익계산서와는 다른 용도입니다. 이를 통해 기업의 흑자 및 적자 여부를 알 수 있어요. 이미 손익계산서로 매출과 영업이익 등을 확인했는데 현금흐름표가 왜 필요한지 의아할 수 있어요. 일부 산업에 따라 매출 발생 시기와 매출액이 기업에 실제로 입금되는 시기에 격차가 발생할 수 있기 때문이죠.

예를 들어 조선 산업의 경우, 대규모 수주를 받아 매출액을 초과 달성해도 현금흐름표상으로는 해당 매출액이 바로 반영되지 않아요. 선박을 만드는 데 최소 2년 이상이 걸리다 보니, 선주들도 조선회사에 여러 차례에 걸쳐 돈을 분할납부하기 때문이에요. 따라서 수주를 받아 매출이 발생하더라도, 아직 기업 통장에 현금이 들어오지 않아 기업이 적자 상황인 경우가 생기는 거죠. 현금흐름표를 통해 이런 부분들을 확인할 수 있어요.

기업 재무제표 확인하는 법

① 금융감독원 전자공시시스템(https://dart.fss.or.kr)
원하는 회사명 검색 후 '분기보고서' 조회 → 'III. 재무에 관한 사항' 중 '1. 요약재무정보' 조회.

② 네이버 금융
네이버 금융에서 기업명 검색 후 '종목분석' 탭 → 하단 스크롤 후 'Financial Summary'를 통해 확인.
금융감독원 전자공시시스템보다 더 직관적으로 확인할 수 있어요.

③ IR 담당자에게 직접 문의
위의 방법들을 통해 재무제표를 보다가 미심쩍거나 잘 이해되지 않는 부분이 있다면 기업의 IR 담당자에게 전화하는 것도 방법입

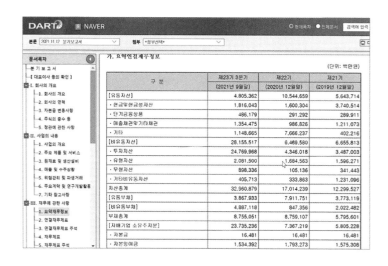

가. 요약연결재무정보

(단위 : 백만원)

구 분	제23기 3분기 (2021년 9월말)	제22기 (2020년 12월말)	제21기 (2019년 12월말)
[유동자산]	4,805,362	10,544,659	5,643,714
· 현금및현금성자산	1,816,043	1,600,304	3,740,514
· 단기금융상품	486,179	291,292	289,911
· 매출채권및기타채권	1,354,475	986,826	1,211,073
· 기타	1,148,665	7,666,237	402,216
[비유동자산]	28,155,517	6,469,580	6,655,813
· 투자자산	24,769,968	4,346,018	3,487,003
· 유형자산	2,081,500	1,684,563	1,596,271
· 무형자산	898,336	105,136	341,443
· 기타비유동자산	405,713	333,863	1,231,096
자산총계	32,960,879	17,014,239	12,299,527
[유동부채]	3,867,933	7,911,751	3,773,119
[비유동부채]	4,887,118	847,356	2,022,482
부채총계	8,755,051	8,759,107	5,795,601
[지배기업 소유주지분]	23,735,236	7,367,219	5,805,228
· 자본금	16,481	16,481	16,481
· 자본잉여금	1,534,392	1,793,273	1,575,308

주요재무정보	연간				분기			
	2018/12 (IFRS연결)	2019/12 (IFRS연결)	2020/12 (IFRS연결)	2021/12(E) (IFRS연결)	2021/03 (IFRS연결)	2021/06 (IFRS연결)	2021/09 (IFRS연결)	2021/12(E) (IFRS연결)
매출액	55,869	43,562	53,041	67,736	14,991	16,635	17,273	18,832
영업이익	9,425	11,550	12,153	13,526	2,888	3,356	3,498	3,774
영업이익(발표기준)	9,425	11,550	12,153		2,888	3,356	3,498	
세전계속사업이익	11,117	13,913	16,336	46,879	4,249	6,471	4,950	5,584
당기순이익	6,279	3,968	8,450	165,914	153,145	5,406	3,227	3,841
당기순이익(지배)	6,488	5,831	10,021	165,991	153,105	5,277	3,319	4,132
당기순이익(비지배)	-209	-1,862	-1,571		40	129	-92	
자산총계	98,812	122,995	170,142	333,579	304,310	316,949	329,609	333,579
부채총계	39,320	57,956	87,591	88,204	79,978	84,312	87,551	88,204
자본총계	59,491	65,039	82,551	245,376	224,332	232,637	242,058	245,376
자본총계(지배)	52,403	58,052	73,672	237,827	220,855	228,186	237,352	237,827
자본총계(비지배)	7,089	6,987	8,879		3,477	4,451	4,706	
자본금	165	165	165	163	165	165	165	163
영업활동현금흐름	9,735	13,568	14,472	67,213	1,967	3,434	3,296	
투자활동현금흐름	-3,883	-10,781	-25,032	-105,602	-118,903	-11,401	-10,235	
재무활동현금흐름	7,510	523	11,921	58,119	106,299	5,313	463	

니다. DART의 분기보고서에서 작성 담당자와 전화번호를 확인할 수 있어요. 주식 초보자 입장에서 기업의 재무공시 담당자에게 전화를 해도 될지 고민할 수 있지만, 주주라면 누구나 전화해볼 수 있으니 도전해보세요.

④ 애널리스트의 리포트 확인(★추천)

가장 시간을 줄일 수 있는 방법이에요. 지금까지 재무제표의 개념에 대해 확인했지만, 사실 재무제표를 완벽하게 해석하는 것은 쉽지 않습니다. 숫자로 모든 정보를 정확하게 알 수는 없어요. 본업 등 사회생활도 해야 하는 우리가 재무제표를 읽고 해석하는 데 너무 많은 시간을 사용하는 것도 비효율적이죠. 이런 경우 증권사 애널리스트들의 재무제표 요약 및 해석을 참고하는 것도 좋아요. 증권사 리포트 활용법은 6장에서 자세히 다루고 있으니 참고하길 바랍니다.

기업 밸류에이션을 판단하는 기준, 투자 지표 보는 법

재무제표는 기업을 이해하는 기본이라고 할 수 있어요. 이제부터 해야 할 일은 재무제표에서 얻은 정보를 통해 투자 판단을 하는 거예요. 이 기업을 살지 말지를 결정하는 중요한 기준이 되는 투자 지표입니다. 이들 지표에는 경영성과, 이익가치, 현금흐름 등이 포함되어 있어요. 그럼 하나씩 알아보도록 하겠습니다.

ROE로 경영성과를 확인하자

먼저 자기자본이익률(ROE, Return on Equity)부터 볼게요. 앞서 재무상태표에서 자산은 자본과 부채로 구성된다고 했어요. 그런데 주주들의 입장에서 자신들이 투자한 자본을 이 기업이 얼마나 효율적으로 쓰고 있는지를 알고 싶을 땐 ROE를 보면 됩니다. 주주는 회사에 '자기 돈(Equity)'을 낸 사람들이에요. 이들에게 최대의 효율성이란 자기 돈을 적게 들여서 최대의 효율을 내는 것입니다.

자기자본이익률(ROE)

- 순이익에서 자기자본을 나눈 값의 비율로, 쉽게 말해 투입한 자본으로 얼마를 벌었는가를 의미한다.
- 계산식: 당기순이익/자기자본×100%
- 예를 들어 ROE가 20%라면? 1년간 투입한 자본으로 버는 순자산이 20% 증가한다는 의미다.

ROE는 부동산투자 방법을 생각하면 이해하기 쉬워요. 가격이 1억 원인 아파트를 매수할 때 자기자본 1억 원을 들여서 아파트를 사는 사람과 자기자본은 1,000만 원만 들이고 나머지 9,000만 원은 대출을 받아서 산 경우를 각각 나누어 생각해볼게요.

A. 1억 원 아파트 매수를 위해 1억 원 투자(자기자본 100%)
B. 1억 원 아파트 매수를 위해 1,000만 원 투자 및 9,000만 원 대출(자기자본 10%)

만약 매수 후 아파트 가격이 1.1억 원으로 올라 수익금 1,000만 원을 벌 경우, 자기자본 100%로 아파트를 산 A의 수익률은 10%에 불과해요. 하지만 자기자본 10%로 아파트를 산 B의 수익률은 100%가 됩니다.

A. 수익금 1,000만 원/자기자본 1억 원=수익률 10%=ROE 10%
B. 수익금 1,000만 원/자기자본 1,000만 원=수익률 100%=ROE 100%

이렇게 투입하는 금액을 최소화해서 높은 수익률을 내는지를 확인할 수 있는 경영성과 지표가 바로 ROE입니다. ROE는 특히 워런 버핏과 같은 가치투자자들이 중시하는 경영성과 지표예요. 워런 버핏은 ROE가 최소한 15% 이상 되는 기업에 투자할 것을 강조하기도 했어요.

하지만 ROE를 이렇게 단편적으로만 이해할 경우, ROE가 높으면 무조건 좋은 기업이라는 일반화의 오류가 생길 수 있어요. 이를 방지하려면 ROE를 구성하는 3가지 요소에 대해 명확한 이해가 필요합니다.

듀퐁분석에 따르면 ROE는 '재무레버리지×총자본회전율×매출액순이익률'로 나누어 분석할 수 있어요.

ROE 듀퐁분석

ROE=재무레버리지×총자본회전율×매출액순이익률

ROE를 구성 요소별로 나누어 분석하는 재무분석 기법으로, 듀퐁에 다니던 도널드슨 브라운이 1920년대에 발견한 이론이다.

① 재무레버리지

=자기자본과 타인자본의 구성 비율=타인자본/자기자본

먼저 재무레버리지란 자본조달 방법이 얼마나 안정적인지, 즉 자본조달의 안정성을 나타냅니다. 자본은 자기자본과 타인자본으로 이루어져 있는데, 자기자본이란 주주들의 투자금과 같이 기업이 원래 보유하고 있던 자본이고, 타인자본이란 대출이나 회사채 발행 등을 통해 외부로부터 조달한 자본이에요. 자기자본보다 타인자본을 잘 활용하는 경우 재무레버리지가 높게 나오고 ROE도 높아집니다.

앞서 ROE가 높으면 경영성과가 좋다고 했어요. 그렇다면 ROE를 높이려면 자기자본보다 타인자본을 더 많이 끌어다 쓰는 것이 무조건 유리할까요? 그렇지만은 않습니다. 무작정 타인자본을 끌어다 쓰기 위해 대출을 많이 받으면 이자 비용이 발생해 다시 기업의 순이익이 줄어들어 ROE도 낮아지기 때문이에요. 따라서 타인자본도 무작정 많이 쓰기보다는 경영 효율성을 가장 높일 수 있는 적정 수준을 찾아야 합니다. 이런 게 기업 경영자들의 역할이죠.

재무레버리지의 이해를 위한 예시로 삼성SDI와 천보의 ROE 수치를 비교해보겠습니다. 같은 2차전지 기업인데 삼성SDI의 ROE는 지난 4년간 계속 10 미만이었고, 천보의 ROE는 항상 10을 초과했어요. 이런 차이가 나는 이유는 바로 두 기업의 자기자본과 타인자본 비율 차이, 즉 재무레버리지 차이 때문입니다.

삼성SDI의 경우 삼성그룹 계열사인 만큼 기존에 가지고 있던 자기자본이 많았어요. 하지만 천보는 자기자본금이 상대적으로 부족해 대출금 등 타인자본을 더 많이 조달했을 거예요. 앞서 ROE는 자신의 '순자산' 대비 수익률이라고 했으니, 자연스럽게 타인의 자본을 더 많이 쓰는 천보의 ROE가 높아지는 거죠.

하지만 천보의 ROE가 높다고 해서 삼성SDI보다 천보가 훨씬 효율적으로 운영되는 기업이라고 단편적인 해석을 하면 곤란해요. 삼성SDI의 영업이익 규모 자체가 훨씬 크고, 삼성SDI가 애초에 막강한 자금력을 가지고 있던 것도 기업이 지닌 큰 강점이기 때문입니다.

● 삼성SDI의 ROE

주요 재무 정보	최근 연간 실적			
	2018.12.	2019.12.	2020.12.	2021.12(E)
	IFRS연결	IFRS연결	IFRS연결	IFRS연결
매출액(억 원)	91,583	100,974	112,948	137,712
영업이익(억 원)	7,150	4,622	6,713	12,081
당기순이익(억 원)	7,450	4,024	6,310	12,618
영업이익률(%)	7.81	4.58	5.94	8.77
순이익률(%)	8.13	3.98	5.59	9.16
ROE(%)	6.05	2.94	4.54	8.57

● 천보의 ROE

주요 재무 정보	최근 연간 실적			
	2018.12.	2019.12.	2020.12.	2021.12(E)
	IFRS연결	IFRS연결	IFRS연결	IFRS연결
매출액(억 원)	1,201	1,353	1,555	2,644
영업이익(억 원)	270	272	301	457
당기순이익(억 원)	226	231	274	421
영업이익률(%)	22.52	20.10	19.38	17.27
순이익률(%)	18.85	17.04	17.60	15.94
ROE(%)	24.53	14.49	12.57	16.83

2022년 1월 조사 자료 기준

② 총자본회전율

=총자본(자기자본+타인자본)이 매출을 얼마나 일으키는지 정도=매출액/총자본

　둘째로 총자본회전율은 총자본을 매출액 창출에 얼마나 효율적으로 이용하는지, 즉 총자본 이용의 효율성을 나타냅니다. 자기자본과 타인자본을 합친 총자본 대비 총매출액이 높을수록 ROE가 높아요. 만약 자기자본이 50억, 타인자본이 50억으로 총자본이 100억 원인 기업의 매출액이 100억 원이라면, 총자본회전율은 1입니다.

③ 매출액순이익률

=매출이 얼마만큼 순이익을 만들어 내는지=순이익/매출액

　마지막으로 매출액순이익률은 기업이 원가를 얼마나 줄였는지, 즉 원가 통제의 효율성을 나타냅니다. 매출액 중에서 원가 등의 비용을 제외하고 정확히 회사에 남은 순이익이 얼마인지 확인하는 지표가 바로 매출액순이익률이에요. 원가 통제를 잘해서 매출액순이익률이 높을수록 ROE도 높아요.

　위와 같은 3가지 구성 요소에 대해 알고 나면, 단순히 ROE가 높은지 낮은지만을 기준으로 단편적으로 기업을 판단하지 않게 됩니다. 특히 '재무레버리지'에 대해서는 꼭 이해해서 ROE로만 특정 기업의 투자 판단을 하는 실수는 하지 않도록 해요.

EPS와 PER로 이익가치를 확인하자

기업의 현재 주가가 기업의 순이익 대비 적절한 가치인지를 판단하는 지표로는 주당순이익(EPS, Earning Per Share)과 주가수익비율(PER, Price Earning Ratio)이 있어요.

EPS는 이자 등의 비용을 모두 제외한 '순이익'만 고려합니다. 특히 EPS의 기준은 1주이기 때문에 다른 기업과 직접 비교를 할 때도 유용한 기준이 될 수 있어요.

주당순이익(EPS)

– 기업이 벌어들인 당기순이익을 기업이 발행한 총 주식수로 나눈 값으로, 1주당 창출해낸 순이익을 의미한다.
– 계산식: 당기순이익/총 주식수

PER은 주식 1주당 가격이 기업이 벌어들이는 순이익의 몇 배 수준인지를 나타내는 지표에요. PER이 높다는 것은 순이익에 비해 주식가격이 높다는 의미입니다. 일반적으로 PER이 낮다는 것은 순이익에 비해 주식가격이 낮다는 것을 의미해요. 그래서 PER은 낮을수록 좋다고 알려져 있어요.

하지만 PER은 주가가 낮을 때도 낮아집니다. 이 말은 싼 주식의

주가수익비율(PER)

- 시가총액에서 당기순이익을 나눈 값으로, 주가가 순이익의 몇 배가 되는가를 나타내는 지표다.
- 계산식: 시가총액/당기순이익
  (1주를 기준으로 해서 '주가/주당순이익'으로 표현하기도 한다.)
- 예를 들어 A 기업의 주가가 1만 원이고 주당순이익이 2,000원이라면 A 기업의 PER은 5배다.

PER이 낮을 수도 있다는 의미예요. 가치투자자라면 무조건 싼 주식을 선호하겠지만, 항상 맞는 얘기는 아니에요. 주가가 떨어진 데는 이유가 있고, 해당 기업의 잠재력이나 성장 가능성이 떨어지기 때문일 수도 있어요.

주의해야 할 것은 절대적 수준으로 생각하면 안 된다는 점이에요. 섹터별로 차이가 크기 때문에 PER을 통해 모든 기업을 절대적으로 비교할 수는 없어요. 예를 들어 금융 섹터의 PER은 평균적으로 10배 미만이지만, 바이오기업은 평균 100배 이상까지 올라가기도 해요. 권투 시합을 할 때 체급을 따지듯이, 회사의 PER을 비교할 때도 섹터별 체급이 나뉜다고 이해하면 됩니다. 따라서 PER은 같은 업종을 영위하는 경쟁사끼리 비교할 때 효과적인 지표예요.

EV/EBITDA로 현금흐름을 확인하자

EV/EBITDA는 아마 생소한 개념일 거예요. 주로 기업이 M&A를 할 때 많이 활용되는 지표입니다. 앞에서 기업의 실적은 영업이익을 기준으로 한다고 했어요. 그런데 회계적으로 또 한 가지 고려해야 할 비용이 있어요. 바로 감가상각비입니다. 이 비용은 회사에서 큰 투자를 할 때 들어가는 비용이에요. 건물이나 공장, 부품 등을 살 땐 큰돈이 들어가지만, 회계장부상에는 한 번에 큰 비용이 나가도록 처리하지 않아요. 대신 여러 해에 걸쳐 분할해서 나가도록 처리하는 경우가 많습니다.

이렇게 되면 장부상 수치와 실제 현금흐름의 미스매치가 일어

EV/EBITDA

- EV: 기업의 시장가치(Enterprise Value)로, 시장가치란 기업 간 M&A를 할 때 필요한 비용이다.
- EBITDA: 기업의 세전영업이익으로, 기업이 영업활동으로 벌어들인 실질적인 '현금 창출 능력'을 말한다.
- EV/EBITDA: 기업의 시장가치에서 현금 창출 능력을 나눈 값으로, 시장가치가 현금 창출 능력의 몇 배가 되는지를 나타내는 지표다.
- 예를 들어 EV/EBITDA가 5배라면, 기업을 인수한 뒤 인수 비용만큼 이익을 내기까지 총 5년이 걸린다는 의미다.

EBITDA의 구성 요소

EBITDA=세전영업이익=현금흐름 창출 능력

=영업이익+감가상각비

납니다. 실제로는 빠져나가지 않는 감가상각비가 장부상으로는 빠져나가도록 처리되기 때문이에요. 그래서 EBITDA(감가상각 전 영업이익)로 영업 실적을 측정하는 거예요. 한 기업이 실제로 창출하는 현금흐름과도 같은 개념이죠. 아래 자세한 산출식을 보겠습니다.

현금흐름 창출 능력 계산식에서 영업이익에 '감가상각비'를 더하는 것이 다소 의아하게 느껴질 수 있어요. 더 자세히 설명하면, 감가상각비는 회사가 공장이나 기계 설비를 구매하면서 큰 금액을 결제할 때, 쉽게 말해 장부상 '할부 결제'로 진행하는 것과도 같습니다.

예를 들어 한 회사가 공장을 10억 원에 구매한다고 가정해볼게요. 실제로는 구매 시점에 10억 원을 100% 결제하더라도, 회계장부상으로는 10억 원을 일시 반영하지 않고 10년간 매년 1억씩 감가상각되도록 반영할 수 있어요. 즉 돈 지불은 이미 완료됐지만, 장부상으로는 10년에 걸쳐 반영하는 거죠. 이렇게 하는 이유는 공장이나 설비 등이 생산활동을 지속하면서 노후화되는 만큼의 가치를 '생산원가'에 포함시키기 위해서예요. 그렇게 계산된 비용이 '감가상각비'입니다.

감가상각비는 감가상각이 발생하는 기간 동안 손익계산서상으로 계속 비용처리 되지만, 실제로 현금이 계속해서 밖으로 빠져나가는 것은 아닙니다. 따라서 기업의 실질적 현금 창출 능력을 판단할 때는, 장부상으로 빠져나간 감가상각비를 다시 더해주는 거예요. EBITDA는 감가상각비가 크게 발생하는 '제조업'에서 큰 의미를 가지는 지표입니다.

이번엔 EV(기업가치)에 대해 알아보겠습니다. 실제로 기업을 인수한다고 생각하면 이해하기 쉬워요. 특정 기업을 산다는 의미는 지분 100%를 가져온다는 의미예요. 만약 기업의 주식이 100% 주식시장에 상장되어 있다면 상장주식을 100% 다 사면 됩니다. 그런데 기업 인수는 여기서 끝나는 게 아니에요. 만약 해당 기업이 부채까지 가지고 있다면 그 부채도 인수하게 되죠. 반대로 해당 기업이 빌딩 등 자산을 보유하고 있다면 그것까지 인수하게 됩니다.

결국 기업의 시장가치는 시가총액(주주지분)과 순차입금(채권자지분)의 합이에요. 기업 입장에서 특정 기업의 지분을 100% 인수한다는 것은 기업의 자기자본뿐만 아니라, 타인자본인 부채까지도 함께 인수한다는 것을 의미합니다.

기업 인수자는 실제 기업가치(EV)에 비해 현재 창출하는 실질

현금(EBITDA)이 얼마인지를 보고 투자 결정을 하게 됩니다. 일반
적으로 EV/EBITDA가 낮을수록 저평가된 기업이에요.

우리는 M&A를 하는 기업 입장이 아닌데, 왜 굳이 이런 어려운
개념까지 공부해야 하는지 의아할 수도 있어요. 대개 우리는 기업
을 인수할 일이 없지만 공모주 투자는 합니다. 공모주 투자를 할
때 공모가를 산정하는 기준으로 EV/EBITDA를 활용할 때가 있
어요. 원래 공모가 산정의 기준은 PER을 많이 활용해요. 만약 EV/
EBITDA를 기준으로 공모가를 산정했다면 PER을 사용하지 않은
이유가 정당한지를 살펴봐야 합니다. 혹시라도 높은 공모가 산정
을 위해 다른 기준을 적용했을 수도 있기 때문이에요.

2020년 엔터테인먼트 기업 하이브가 상장을 준비할 때 EV/
EBITDA를 기준으로 하여 공모가를 산정했는데, 당시 고평가 논
란이 있었어요. 인프라 투자 비용이 크게 들어가지 않는 엔터테
인먼트 사업의 경우 EBITDA보다는 감가상각비를 제외한 영업
이익으로 가치평가를 하는 것이 더 적절하기 때문입니다. EV/

EBITDA로 산정 시 감가상각비가 더해지니 공모가가 더 높게 나올 수밖에 없죠.

PER과 EV/EBITDA의 차이점

시가총액에서 당기순이익을 나눈 값인 PER과, 시장가치에서 현금 창출 능력을 나눈 값인 EV/EBITDA가 다소 비슷한 개념처럼 보일 수 있어요. 하지만 PER과 EV/EBITDA에는 두 가지 큰 차이점이 있어요.

① 기업가치를 주주자본으로만 보는가, 주주자본과 타인자본의 합으로 보는가?

PER은 기업의 주주자본(순자산)만 고려하지만, EV/EBITDA는 주주자본과 타인자본의 합(시장가치)을 고려해요.

② 이익을 회계적 이익인 당기순이익으로 보는가, 실질적인 이익인 현금흐름으로 보는가?

PER은 당기순이익만을 따지는 지표이지만, EV/EBITDA는 영업이익에 감가상각비를 더해 실질적인 현금흐름을 봐요. 그렇다 보니 당기순이익은 적자이지만, 실질적 현금흐름은 적자가 아닌 상황도 있어요. 주로 초창기 대규모 투자를 통해 감가상각비가 큰 상황인 경우입니다.

매출이 성장하는
종목 찾는 법

앞서 다룬 EPS, PER 등의 이익가치는 모두 기업의 '순이익'에 초점을 맞춘 지표였어요. 하지만 최근 들어서 기업이 성장을 위한 투자를 적극적으로 하는 경우, 매출이 높음에도 순이익은 적자인 경우가 많아요. 대표적인 성공 케이스는 테슬라입니다. 테슬라는 과거 10년 동안 투자만 하는 적자 기업이었어요. 그런데도 주가가 높았기 때문에 가치투자자들 사이에선 비판이 많았죠. 하지만 최근 테슬라가 흑자전환에 성공했고, 전기차 분야의 글로벌 넘버원이 됐어요.

한국에는 쿠팡의 사례가 있어요. 쿠팡은 2022년 상반기 기준으로도 영업이익은 적자예요. 하지만 EBITDA 기준으로는 흑자로 전환됐습니다. 앞에서 EBITDA를 배웠으니까 알 거예요. EBITDA 기준으로 흑자전환이 됐다는 게 무슨 의미인지 말이에요. 손익계산서 장부상으로는 적자이지만 실제로는 흑자라는 뜻입니다. 쿠팡도 과거 많은 투자를 하면서 빠져나가는 장부상 감가상각비가 많았어요. 그런데 이건 실제로 빠져나가는 현금이 아닙니다. 영업이익에 감가상각비를 더하면 흑자라는 의미고, 이건 쿠팡으로서는 큰 의미가 있는 일이에요.

이렇게 초기 성장기업들은 실적보다는 '현금을 태우면서' 몸집을 불려나가는 경우가 많습니다. 그런데 이럴 때도 기업의 밸류에이션은 측정해야 해요. 이때는 영업이익이 아닌 매출액으로 기업을 평가할 필요가 있어요. 그게 바로 주가매출비율(PSR, Price Selling Ratio)입니다.

PSR로 저평가된 종목을 찾자

PSR은 1984년 미국의 전문투자자인 켄 피셔(Kenneth Fisher)가 처음 고안했습니다. 그는 순이익 적자 기업들의 가치를 판단할 수 있는 지표가 필요하다고 생각했어요. PSR은 매출액에 기반하여 기업가치를 계산하기 때문에, 당장 순이익은 적자여도 외형적으로 계속 성장하고 있으면 긍정 지표가 될 수 있는 거예요.

주가매출비율(PSR)

- 시가총액을 매출액으로 나눈 값으로, 현재 주가가 매출액에 비해 얼마나 고평가인지 혹은 저평가인지를 판단하는 지표다.
- 계산식: 주가/주당 매출액 또는 시가총액/매출액 (PER과 비교: PER= 시가총액/당기순이익)
- 예를 들어 어떤 기업의 시가총액이 1조 원이고 한 해 매출액이 1,000억 원이면 PSR=1조 원/1,000억 원=10이다.

위의 계산식을 보면 PSR이 낮을수록 저평가되었다고 할 수 있어요. 주당 매출액이 더 크므로 성장성 있는 회사라고 판단하는 거예요.

단, PSR은 매출액으로만 판단하는 지표라서 기업의 현금흐름이 악화되는 상황 등을 제대로 파악하지 못할 수 있어요. 매출액이 커지더라도 적자 상태이거나 부채비율이 높은지 알 수 없기 때문이에요. 따라서 앞서 다뤘던 ROE, PER, EV/EBITDA 등의 지표를 종합적으로 감안하여 기업의 상황을 해석해야 합니다.

PSR도 PER처럼 업종별로 기준이 다르기에, PSR이 몇 배여야 좋다는 식의 절대적인 기준으로 보기보다는 한 기업의 과거 PSR 대비 현재 PSR을 비교하거나, 혹은 동종 업계 기업들 대비 PSR을 비교하는 방식으로 상대적인 관점에서 해석해야 해요.

① 삼성전자

재무제표에 따르면 삼성전자의 PER은 2018년 6.42, 2019년 17.63, 2020년 21.09로 점점 높아졌어요. PER이 높아진다는 것은 시가총액이 높아지거나(주식가격이 비싸지거나) 순이익이 낮아졌다(실적이 안 좋아졌다)는 의미예요. 결론적으로 시간이 갈수록 삼성전자의 당기순이익 대비 주가가 비싸졌다고 볼 수 있어요.

항목	2016/12 (IFRS연결)	2017/12 (IFRS연결)	2018/12 (IFRS연결)	2019/12 (IFRS연결)	2020/12 (IFRS연결)	전년대비 (YoY)
⊞ EPS	2,735	5,421	6,024	3,166	3,841	21
⊞ BPS	26,636	30,427	35,342	37,528	39,406	5
⊞ CPS	5,782	8,151	9,200	6,681	9,611	44
⊞ SPS	24,632	31,414	33,458	33,919	34,862	3
⊟ PER	13.18	9.40	6.42	17.63	21.09	19.65
보통주수정주가(기말)<당기>	36,040	50,960	38,700	55,800	81,000	
EPS<당기>	2,735	5,421	6,024	3,166	3,841	
⊞ PBR	1.35	1.67	1.09	1.49	2.06	38.24
⊞ PCR	6.23	6.25	4.21	8.35	8.43	0.91
⊟ PSR	1.46	1.62	1.16	1.65	2.32	41.23
보통주수정주가(기말)<당기>	36,040	50,960	38,700	55,800	81,000	
SPS<당기>	24,632	31,414	33,458	33,919	34,862	
⊞ EV/EBITDA	4.20	4.00	2.00	4.88	6.63	35.76
⊞ DPS	570	850	1,416	1,416	2,994	111
현금배당수익률	1.58	1.67	3.66	2.54	3.70	1.16
현금배당성향(%)	17.81	14.09	21.92	44.73	77.95	33.22

단위: 억 원, %, %P, 배 / 분기: 순액 기준

하지만 같은 기간 동안 삼성전자의 PSR을 보면 2018년 1.16, 2019년 1.65, 2020년 2.32로 PER과 달리 큰 폭의 변동 없이 유사한 수준에서 유지됐어요. 심지어 EV/EBITDA 역시 같은 기간 동안 큰 변화가 없었죠. 영업이익 대비 주가(PER)를 봤을 땐 주가가 너무 고평가됐지만, 매출 대비 주가(PSR) 그리고 기업의 실질적 현금흐름(EV/EBITDA)을 볼 땐 큰 차이가 없는 거예요. 삼성전자가 매출 대비 주가와 현금흐름을 어느 정도 유지한다는 것은, 그만큼 큰 문제없이 영업활동을 잘하고 있다고 해석할 수 있습니다.

그런데 왜 PER이 높아졌을까요? 이는 당기순이익만 줄었다는 의미라서 어딘가에 대규모 투자를 시작하면서 순이익이 줄었다고 해석할 수 있어요. 또한 해당 대규모 투자를 통해 기업의 성장성이 더 좋아질 수 있기 때문에 단순히 PER이 높다고 해서 무조건 기업이 경영을 잘못하고 있다고 단편적인 해석을 해서는 안 됩니다.

② 카페24

카페24의 재무제표에 따르면, 2020년 PER은 89.79로 굉장히 높았어요. 하지만 매출액 기준으로 PSR을 보면 2.42로 낮은 수준입니다. 실제로 카페24의 재무제표를 심도 있게 분석해보니, 시설투자비(감가상각비), 마케팅비(광고선전비), 인건비(복리후생비) 등의 비용이 발생했고, 따라서 매출이 늘어남에도 당기순이익이 줄었어요. 매출은 증가하고 있는데 당기순이익은 줄어든다면 정확히 비용을 어

항목	2017/12 (IFRS연결)	2018/12 (IFRS연결)	2019/12 (IFRS연결)	2020/12 (IFRS연결)	2021/12(E) (IFRS연결)	전년대비 (YoY)
⊞ EPS	321	-1,577	356	355	-815	-330
⊞ BPS	865	5,837	6,195	6,483	5,557	-14
⊞ CPS	774	328	1,077	1,614		
⊞ SPS	8,990	9,193	11,534	13,132	14,032	7
⊟ PER		N/A	72.17	89.79	N/A	-128.68
보통주수정주가(기말)<당기>		55,045	25,667	31,834	27,400	
EPS<당기>	321	-1,577	356	355	-815	
⊞ PBR	0.00	9.43	4.14	4.91	3.78	-23.04
⊞ PCR	0.00	167.97	23.83	19.72		
⊟ PSR	0.00	5.99	2.23	2.42	1.50	-38.26
보통주수정주가(기말)<당기>		55,045	25,667	31,834	27,400	
SPS<당기>	8,990	9,193	11,534	13,132	14,032	
⊞ EV/EBITDA		44.03	19.07	19.01		
⊞ DPS	0	0	0	0		
현금배당수익률		0.00	0.00	0.00	0.00	0.00
현금배당성향(%)	0.00	0.00	0.00	0.00		

단위: 억 원, %, %P, 배/ 분기: 순액 기준

디에 어떻게 쓰고 있는지 확인해보고, 이것이 기업의 미래 성장성에 도움이 되는 부분인지 확인할 필요가 있습니다.

③ 동종 업계 간 상대적 비교

PSR도 PER 등 기타 지표들과 마찬가지로 동종 업계끼리 비교 가능합니다. 예를 들어 국내 주류회사들의 2020년 PSR을 단순 비교해보면, 당시 기준으로 제주맥주가 국순당, 무학, 풍국주정보다 고평가된 상황이었다고 볼 수 있어요.

항목		제주맥주 276730 (IFRS연결)	국순당 043650 (IFRS연결)	무학 033920 (IFRS연결)	풍국주정 023900 (IFRS연결)
주가 데이터	전일종가(원)	2,050	11,200	7,820	14,850
	시가총액(억 원)	1,161.2	2,000.1	2,228.7	1,871.1
재무 상태표	자산총계(억 원)	628.9	2,448.8	5,987.6	1,850.6
	부채총계(억 원)	289.6	223.8	740.1	295.1
	매출액(억 원)	215.5	529.5	1,393.5	1,179.9
PSR		5.39	3.78	1.60	1.59

동종 업계에 속한 기업들을 비교하는 방법은 네이버 증권, DART(금융감독원 전자공시), 애널리스트 자료 등을 활용하는 것입니다. 그리고 직접 동종 업계에 속하는 기업들의 재무제표를 확인해 위의 표와 같이 정리하는 작업이 필요해요. 이런 작업 자체가 투자를 위해 꼭 해봐야 할 실전 연습이 됩니다.

지금까지 기업의 주요 재무제표 개념부터, 기업의 경영성과, 이익가치, 현금흐름을 볼 수 있는 각 지표 그리고 매출 가치 높은 종목을 찾기 위한 지표까지 배워봤어요. 좋은 기업을 판단하는 눈을 기르기 위해서는 특정 한 가지 지표를 맹신하기보다, 앞서 다룬 주요 지표들을 바탕으로 하여 종합적인 상황을 고려해보는 연습이 필요합니다.

많은 사람이 주식투자는 하지만 정작 기업의 현재 재무상태가 어떤 상황인지 해석하는 방법은 전혀 모르는 경우가 많아요. 이런 게 바로 '묻지마 투자'입니다.

지금까지 공부한 내용만 머릿속에 잘 기억하면 성공적인 투자를 위해 기업 분석을 할 때 알아야 할 모든 내용을 숙지했다고 볼 수 있어요. 이제 남은 일은 기업의 실적 자료들을 보면서 지금까지 다뤄온 지표들의 의미를 이해하고, 이를 바탕으로 본인만의 투자 인사이트를 지속적으로 쌓아나가는 연습을 반복하는 거예요.

◆ ◆ TIP ◆ ◆

미래 매출의 가치를 평가하는 꿈의 수치, PDR

최근 매출 가치 높은 종목을 찾는 또 다른 방법으로 PDR 지표가 자주 등장합니다. PDR은 주가 꿈 비율(Price To Dream Ratio)이라는 뜻으로, 해당 기업이 미래에 시장을 지배한다는 가정하에 미래 매출을 기준으로 계산하는 방법이에요.

기업의 시가총액을 10년 후 예상되는 전체 시장규모와 해당 기업의 예상 시장점유율을 곱한 금액으로 나눈 값입니다.

$$PDR = \frac{기업가치(시가총액)}{TAM^* \times 시장점유율}$$

(*TAM=10년 후 전체 시장규모)

경제 지표로 공모주
심층 분석하기

2022년 8월 쏘카가 기업공개(IPO)를 했어요. 쏘카는 누구나 다 아는 친숙한 기업이죠. 이미 여러 번 이용해본 분들도 있을 거예요. 그런 쏘카가 공모주로 나왔는데, 공모가격이 너무 높다는 논란이 일었어요. 공모가를 산정하는 기준으로 기업가치 대비 매출액 비율(EV/Sale)을 활용했기 때문이에요. EV는 앞에서 공부한 대로 Eenterprise Value입니다. 기업의 시가총액에 부채까지 합친 거죠. 그리고 Sale은 그야말로 매출입니다. 일반적으로 EV/EBITDA를 쓰는데, 이 경우엔 매출을 활용한 거죠. 아직은 적자 기업이기 때문에 밸류에이션 측정에 매출을 활용할 수밖에 없었던 거예요.

저는 어썸레터에서 쏘카의 밸류에이션 산정 문제에 대해 지적

하기도 했습니다. 실제로 기관들의 공모주 수요예측 결과는 좋지 않았어요. 이렇듯 기업의 실적을 측정하는 다양한 방법을 배우면 실전투자에도 충분히 활용할 수 있습니다.

간만의 공모주, 쏘카 공모가 산정은 논란

오랜만에 공모주예요! 시장이 꽁꽁 얼어붙으면서 한동안 공모주도 시들했던 것 같아요. 이런 찬바람 쌩쌩 부는 시장에 과감히 IPO 출사표를 던진 기업이 바로 '쏘카'예요.

어썸이도 쏘카를 딱 한 번 이용해봤는데요. 2020년에 울산, 부산 부동산 발품 때였어요. 앱으로 하는 건 편리하고 좋았는데요. 가장 불편했던 건 고객서비스였어요. 중간에 종착지를 변경하고 싶었는데 앱으로만 해야 하다 보니 정말 불편했어요. 그때 이후 그냥 기존 렌털업체를 이용하고 있어요.

그런 쏘카가 IPO를 한다고 하니 꼼꼼하게 따져봐야겠다는 생각이 드는데요. 아니나 다를까 쏘카는 공모가 산정 과정에 논란이 일고 있어요. 공모가를 산정하는 비교 대상을 우버, 리프트, 그랩, 고토, 버드글로벌, 오비고 등으로 한 거예요.

게다가 공모가 산출 기준을 EV/Sale로 했는데요. 일반적으로 PER을 많이 활용하고, 그다음으로 EV/EBITDA를 써요. 그런데 쏘카는 EV/Sale을 쓰는 거예요. 아마도 현재 적자이기 때문에 매출액으로 평가할 수 있는 지표를 선정한 듯한데요. EBITDA로 해도 감가상각비가 크게 없어서 차이가 없기 때문인 것도 같아요.

특히 비교 기업들의 EV/Sale이 너무나 천차만별이에요. 우버, 리프트는 각각 2.4배, 1.0배인데 고토는 17배에 달해요. 고토는 인도네시아의 최대 테크기업으로 카 셰어링과는 약간 결이 달라요. 무엇보다 국내 경쟁사로 볼 만한 롯데렌탈을 제외한 이유가 잘 이해되지 않아요. 결론적으로 공모가 산정의 비교 대상 선정이 의아하다고 할 수 있어요.

5장

섹터별 공부로
해외 우량주 찾기

섹터별 우량주
발굴하는 법

이번 장에선 개별 섹터에 대해 공부할 거예요. 섹터를 정확히 알고 나면 주식시장을 보는 깊이가 달라집니다. 물론 전체적인 시장 흐름을 읽는 것도, 개별종목을 잘 분석하는 것도 중요해요. 하지만 이 둘의 중간 지점에 있는 섹터를 알면 시장의 흐름을 파악하기도, 개별종목을 찾기도 더 쉬워져요.

섹터 공부를 하는 방법은 앞에서 살펴본 지수 공부와 원리가 비슷해요. 지수 공부의 하이라이트는 특정 지수에 포함된 개별종목을 잘 아는 것이라고 했던 거 기억하죠? 섹터 공부도 마찬가지예요. 어떤 섹터가 있는지, 해당 섹터에 소속된 종목들이 뭔지를 아는 게 중요해요. 예를 들어 섬성전자는 '삼성전자'라는 개별종목

섹터	영문	분류명	세부 내역
10	Energy	에너지	에너지 장비 및 서비스, 오일, 가스, 연료
15	Materials	재료	화학, 건자재, 포장 용기, 금속, 광물, 종이, 목재
20	Industrials	산업재	자본재, 상업서비스, 운송
25	Consumer Discretionary	임의소비재	자동차, 내구제, 서비스, 유통
30	Consumer Staples	필수소비재	식료품 소매, 식음료, 가구 및 개인용품
35	Health Care	의료	의료장비 및 서비스, 의약 및 생명과학
40	Financials	금융	은행, 금융기관, 보험
45	Information Technology	정보기술	소프트웨어, 기술장비 및 하드웨어, 반도체
50	Communication Services	통신	통신, 방송, 엔터테인먼트
55	Utilities	유틸리티	전기, 가스, 수도
65	Real Estate	부동산	리츠, 부동산 개발 및 관리

으로 보는 것도 좋지만, 한국시장의 반도체 섹터에 속한 기업이라고 이해하는 것도 필요해요.

그럼 본격적으로 섹터 공부를 시작해볼까요? 미국에서 섹터를 구분하는 법부터 알아볼게요. 섹터는 미국 S&P와 MSCI가 1999년 공동개발한 증시 전용 산업분류기준인 글로벌산업분류기준(GICS, Global Industry Classification Standard)이 대표적이에요. GICS 기준에 따르면 미국 주식시장은 11개 섹터와 24개 산업 그룹 그리고 69개 산업 및 158개 하위 산업으로 구성돼 있습니다.

구체적으로 11개의 섹터를 보면 에너지, 재료(소재), 산업재, 임의소비재, 필수소비재, 의료, 금융, 정보기술, 통신, 유틸리티, 부동산이에요. 섹터별로 구분하니까 머릿속이 훨씬 더 깔끔해지는 느낌이죠? 이제부터 해야 할 건 각 섹터에 어떤 기업들이 포함돼 있는지를 알아보는 거예요.

섹터별 우량주 가장 쉽게 확인하는 방법

먼저 우량 섹터를 찾는 법부터 알려줄게요. 물고기를 잡아주는 것보다 여러분 스스로 물고기 잡는 법을 알려주는 게 더 낫다고 생각해요. 주입식으로 섹터를 알려주기보단 나중에라도 여러분 스스로 응용할 수 있게 도우려는 마음인 거죠.

아주 직관적으로 섹터별 우량주를 찾는 방법은 앞에서 소개한 핀비즈 사이트(Finviz.com)예요. 여기에는 'Maps'란 탭이 있는데, 이 탭을 클릭하면 실제로 미국 시장상황을 직관적으로 알려주는 '지도'가 나와요. 시장의 상태를 하나의 숫자로 보여주는 게 '지수'라

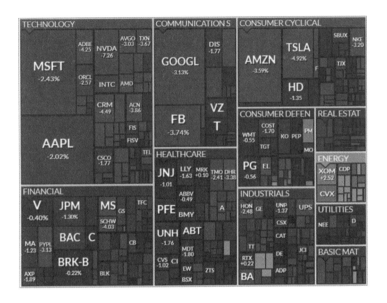

면 이 지도는 시장을 한 번 더 세분화해서 섹터별로 시장의 상태
를 보여주죠. 섹터별로 시가총액과 박스 크기가 비례하도록 구성
돼 있어요. 핀비즈 사이트에서 실제로 살펴보면 박스가 빨간색 아
니면 초록색으로 보이는데요. 박스가 빨간색이면 하락을, 초록색
이면 상승을 의미합니다.

이 지도를 자세히 보면 뭉뚱그려 빅테크로 알려진 종목들도 개
별 섹터는 다르다는 걸 알 수 있어요. 테크놀로지 섹터에 마이크
로소프트와 애플, 엔비디아, AMD 등이 있는 반면, 커뮤니케이션
섹터에 구글, 메타 등이 있어요. 아마존, 테슬라 등은 임의소비재

섹터에 속해요. 이렇게 섹터를 자세히 공부해보면 빅테크도 다 같은 빅테크가 아니란 걸 알 수 있습니다.

핀비즈 사이트에서 직접 섹터를 찾는 방법은 아주 간단해요. 사이트 탭 'Screener'에서 필터를 원하는 대로 설정하면 됩니다. 'ALL' 탭을 클릭한 뒤 'Sector'를 클릭하면 각 섹터가 펼쳐져요. 원하는 섹터를 클릭하면 해당 섹터들의 모든 종목이 나옵니다. 시가총액(Market Cap)의 화살표가 아래(▼)를 향하도록 정렬하면 시가총액이 높은 기업부터 확인할 수 있어요.

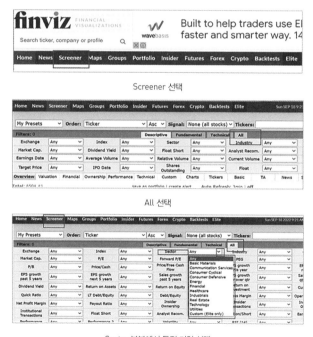

Screener 선택

All 선택

Sector 부분에서 특정 기업 선택

선택 시 아래에 기업 리스트가 쭉 나오는데요. 이때 화면상 Market Cap을 2번 클릭
하면 화살표가 아래로 가게 나오고, 시가총액이 큰 순부터 내림차순으로 정렬됩니다.

직접 해보면 섹터 공부가 아주 쉽다는 걸 알게 될 거예요. 그냥
보는 것과 직접 다뤄보고 눈으로 확인하는 건 천지차이이므로 직
접 사이트에 접속해서 원하는 섹터를 찾아보세요. '귀찮은데…. 그
냥 어디에 투자할지나 골라줬으면 좋겠다'라고 생각할 수도 있어
요. 하지만 정보를 찾아보고 생각해서 직접 판단을 내리는 연습을
거치지 않고서는 투자자로서 꾸준히 돈을 벌기는 힘들어요. 진정한
투자자란 단순히 다른 사람의 정보를 듣고 그대로 따라 하기보다
는, 스스로 정보를 조사하고, 숙고 끝에 판단을 내리고, 자신의 판
단에 책임까지 질 줄 아는 사람이라는 것을 잊지 않았으면 합니다.

미국 경제 성장의 동력, 테크·커뮤니케이션 우량주 찾기

미국 테크놀로지 우량주 찾기

이제부터 섹터별 공부를 시작해볼게요. 먼저 테크놀로지 섹터입니다. 우리가 아는 대표적인 기술 기업들이 다수 포함돼 있어요. 이들 섹터는 미국 경제성장의 동력이기도 해요. 감히 다른 나라에서 따라잡기 힘든 혁신 기업들이 미국의 테크주들이고, 미국의 경쟁력이 여기서 나온다고 할 수 있습니다. 그러니까 테크놀로지 섹터를 가장 먼저 공부해야겠죠?

앞에서도 간단히 살펴봤지만 테크놀로지 섹터를 세분해서 보면 소프트웨어 인프라, 소프트웨어 장비, 반도체, 커뮤니케이션 전자기기, 정보통신 등이 있어요. 소프트웨어 인프라에는 마이크로소프트, 어도비 등이 속해요. 이들은 말 그대로 인터넷 환경에서 인프라 역할을 합니다. 그리고 반도체 섹터에는 엔비디아, AMD, 퀄컴, 인텔 등이 속해요. 이들 기업은 반도체 중에서도 두뇌에 해당하는 팹리스(fabless: 공장 없이 설계만 하는 기업)들이에요. 우리가 너무나 잘 아는 애플은 소비자전자기기에 속해요. 물론 다 같은 테크놀로지이지만, 더 세밀하게 보면 결이 많이 다르다는 걸 알 수 있습니다.

그런데 우리가 할 일은 그중에서 우량주를 찾는 거예요. 이를 위해서 먼저 시가총액순으로 정리해볼 겁니다. 핀비즈 사이트

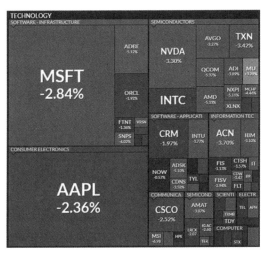

핀비즈 내 테크놀로지 섹터

No.	Ticker ▼	Market Cap	Dividend	ROA	ROE	ROI
1	AAPL	2760.25B	0.52%	28.70%	149.80%	50.00%
2	MSFT	2177.97B	0.84%	21.60%	48.40%	28.20%
3	TSM	594.44B	1.59%	18.30%	28.20%	17.30%
4	NVDA	589.59B	0.07%	23.60%	40.70%	18.70%
5	ASML	253.70B	0.63%	20.90%	49.70%	40.30%
6	AVGO	233.01B	2.86%	8.50%	26.50%	12.80%
7	CSCO	227.54B	2.75%	11.90%	27.90%	19.20%
8	ADBE	222.39B	-	18.60%	34.10%	26.00%
9	ORCL	217.56B	1.61%	8.60%	-	17.80%
10	ACN	215.49B	1.18%	14.70%	32.00%	29.90%

핀비즈 내 테크놀로지 섹터 시가총액순 정렬

에서 테크놀로지 섹터를 시가총액순으로 정렬해보면 1위 애플 (AAPL), 2위 마이크로소프트(MSFT), 3위 TSMC(TSM), 4위 엔비디아(NVDA), 5위 ASML 순으로 결과가 나와요. 물론, 이 결과는 일자별로 미세하게 달라질 수 있습니다. 이제부터 소개하는 기업들은 우량주를 선별하는 하나의 사례로 살펴봐주세요.

① 애플(AAPL)

테크놀로지 섹터에서 우량주를 뽑으라면 애플을 빼놓을 수 없어요. 전 세계 시가총액 1위인 애플은 군이 설명이 필요 없는 기업이죠. 애플의 주요 상품으로는 아이폰, 아이패드, 애플워치, 에어팟, 맥북 등이 있어요. 애플이 소비자전자기기에 속해 있지만 심리적인 섹터는 '필수소비재'로 분류하는 게 맞을 수도 있어요. 애플의 제품들은 돈이 있을 때나 없을 때나 꼭 구매하는 필수 아이템으로 볼 수 있기 때문이에요. 실제로 2022년 상반기 경기둔화 속에서도 실적 서프라이즈(깜짝 실적)를 발표한 것을 봐도 알 수 있어요. 40년 만의 초인플레이션으로 미국인들이 지갑을 닫았지만 애플 제품에만큼은 돈을 아끼지 않았던 거죠. 2022년 7월 말 2분기 실적을 발표하며 애플은 "아이폰이 잘 팔려서 실적이 좋았다"라고 설명했습니다. 아이폰 유저들의 팬덤은 정말 대단하지 않나요.

하지만 애플은 여기에 안주하지 않습니다. 애플의 기업 DNA로는 혁신을 꼽을 수 있어요. 끊임없이 새로운 영역에 도전하고, 신상품을 출시하려고 노력하죠. 2023년 상반기 애플의 기대주는 애플 헤드셋이에요. 갑자기 경기가 안 좋아지면서 메타버스가 주춤하지만, 애플의 AR/VR 헤드셋은 차기 기대작이라고 할 수 있어요. VR 헤드셋은 메타가 앞서가고 있지만 애플의 헤드셋이 출시된다면 판도가 달라질 수 있어요.

그리고 더 장기적으로 보면 애플카가 있습니다. 이는 산업 섹터를 바꿀 만한 변신이에요. 애플은 이미 공식적으로 애플카 출시를 선언했고, 아이폰을 만들 때처럼 설계는 하지만 제조는 아웃소싱을 할 예정이라고 해요. 이에 자동차 업계마저 바짝 긴장하고 있

습니다. 애플카가 출시된다면 어떤 모습일까요? 아주 즐거운 상상
이에요.

애플은 주주친화적인 정책으로도 잘 알려져 있습니다. 주주친
화적 정책이란 회사의 이익을 주주들에게도 공유한다는 거예요.
기업이 직접 자기 주식을 사들이는 '자사주매입'을 실시해서 주가
의 큰 하락을 방어하고, 기술주 중에서는 드물게 배당도 실시하고
있습니다.

② 엔비디아(NVDA)

엔비디아는 미국의 컴퓨터 GPU(그래픽 처
리장치)를 디자인하는 회사입니다. GPU는
CPU(컴퓨터 중앙처리장치)가 연산한 결과를 그
래픽으로 보여주는 역할을 하는데, GPU 부분에 있어서는 엔비디
아가 절대 강자로 손꼽혀요.

엔비디아는 GPU를 활용해 빅데이터를 저장하고 유통시키는
핵심 인프라인 '데이터센터'의 맞춤형 GPU를 개발하면서 크게 도
약했어요. 아마존, 마이크로소프트 등이 엔비디아의 데이터센터
GPU를 활용하고 있으며, 현재 엔비디아의 데이터센터 점유율은
90%에 달합니다. 빅데이터, 클라우드 서비스와 관련하여 약 2만
5,000개 기업이 엔비디아의 AI 칩을 사용 중이에요. GPU 외 CPU
시장 진출도 준비하는 등 기업 혁신을 위해 끊임없이 노력하고 있

으므로 앞으로의 성장이 더욱 기대되는 기업 중 하나입니다.

하지만 2022년 엔비디아는 코인 급락과 반도체 수요 둔화로 수익률이 40% 가까이 떨어지는 곤욕을 치르고 있어요. 우량주인 엔비디아도 미국발 기준금리 인상으로 인한 경기둔화 영향을 비껴가지 못한 거죠.

시장에선 2023년 상반기를 반도체 시장의 저점으로 전망하고 있습니다. 엔비디아도 전방산업(최종 소비자와 가까운 업종)의 영향에서 자유로울 수 없는 만큼 실전투자에선 전체적인 시장 흐름을 함께 보는 게 좋아요.

아래 큐알코드를 통해 어썸레터에 접속하면, 2022년 반도체 섹터 전반에 대한 다양한 이야기를 좀 더 살펴볼 수 있습니다.

◆ ◆ Awesome Letter ◆ ◆

테크주 관련 내용 주목해서 읽기

미국 커뮤니케이션 우량주 찾기

커뮤니케이션 섹터는 통신서비스, 미디어, 엔터테인먼트, 인터넷 미디어·서비스 등으로 구성되어 있어요. 대표적인 기업으로 구글,

핀비즈 내 커뮤니케이션 섹터

No.	Ticker	▼ Market Cap	Dividend	ROA	ROE	ROI
1	GOOG	1841.51B	-	-	-	-
2	GOOGL	1777.50B	-	22.20%	31.60%	24.00%
3	FB	612.46B	-	23.50%	29.70%	31.00%
4	DIS	268.29B	-	1.00%	2.30%	2.20%
5	VZ	222.74B	4.80%	5.90%	27.60%	9.20%
6	CMCSA	218.94B	2.10%	5.10%	14.90%	7.90%
7	T	175.75B	8.62%	-0.40%	-1.30%	1.60%
8	NFLX	171.79B	-	12.20%	35.30%	16.70%
9	TMUS	155.28B	-	1.90%	5.90%	3.90%
10	CHTR	104.73B	-	3.30%	26.10%	8.80%

핀비즈 내 커뮤니케이션 섹터 시가총액순 정렬

페이스북, 디즈니, 넷플릭스 등이 있습니다.

핀비즈 사이트에서 시가총액순으로 정렬을 해보면 1위 구글(GOOG), 2위 구글(GOOGL), 3위 메타(FB), 4위 디즈니(DIS), 5위 버라이즌(VZ) 순으로 결과가 나와요.

① 구글(GOOG, GOOGL)

Alphabet

알파벳은 검색엔진 구글의 지주회사입니다. 구글을 비롯한 여러 구글 자회사들이 모여서 설립한 기업집단으로, 검색, 광고, 지도, 유튜브, 클라우드, 안드로이드, 크롬 등의 온라인 상품과 크롬캐스트, 크롬북스와 같은 하드웨어 상품, 그 외 기술, 생명과학, 투자캐피털, 리서치 등 다양한 부문에서도 여러 계열사를 거느리고 있어요.

구글은 원래 1주당 300만 원에 달하는 주가로 인해 투자하기가 쉽지 않았는데요. 2022년 7월 1일부로 액면분할(주당 가격을 낮추고, 주식 개수를 늘리는 일)을 20분의 1 비율로 해서 현재는 1주당 100불대의 가격으로, 투자하는 데 훨씬 부담이 줄어들었어요.

현재 커뮤니케이션 섹터 내 1, 2위를 차지하고 있는데, 티커명이 GOOG, GOOGL 이렇게 둘로 나뉘어 혼란스럽다고 느낄 수 있어요. GOOG는 Alphabet C주, GOOGL은 Alphabet A주로 구별됩니다. Alphabet은 총 A, B, C 3개의 주식으로 나뉘는데, B주는 창립자가 소유한 비상장 주식으로, 주식시장에 상장되어 있는 주식은 A주와 C주예요. A주와 C주의 가장 큰 차이점은 주주가 기업의 의사결정에 참여할 수 있는 '의결권'의 유무예요. C주의 경우 의결권이 없는 대신 주가가 조금 더 저렴한 편이고, A주는 의결권이 있는 대신 주가가 조금 더 비싼 편입니다.

② 디즈니(DIS)

The WALT DISNEP Company

디즈니는 100년 전통의 미디어 종합 엔터테인먼트 기업으로, 영화, 애니메이션, TV 프로그램 등을 제작하고 방영하고 있어요. 사업 부문은 테마파크, 미디어 네트워크, 스튜디오 엔터테인먼트, 스트리밍 사업(OTT)으로 나뉘는데, 일각에서는 미국의 3대 수출품 중 하나가 디즈니라고 할 정도로 전 세계적으로 엄청난 영향력을 가지고 있는 기업이에요.

디즈니는 테마파크 사업 부문 덕에 코로나19 이후 대표적인 리오프닝주로 분류되고 있어요. 강력한 콘텐츠 파워와 IP(지적재산권) 영향력으로 향후 메타버스와 NFT 시장에서도 수혜를 볼 수 있을 것으로 예상됩니다.

③ 넷플릭스(NFLX)

NETFLIX

〈오징어 게임〉 등 한류 콘텐츠의 전 세계적 흥행으로 인해 넷플릭스를 모르는 우리나라 사람은 없을 거라는 생각이 들어요. OTT 최강자로 불리는 넷플릭스는 전 세계 190개국 이상에서 2.2억 명의 회원을 보유한 스트리밍 엔터테인먼트 기업입니다. 영화, 드라마, TV 프로그램, 다큐멘터리, 애니메이션 등 매우 다양한 장르의 콘텐츠를 제공하고 있어요.

코로나19의 영향으로 극장 방문 등 외부 활동을 자유로이 할 수 없었던 시기에 넷플릭스는 대표적인 팬데믹 수혜주로 큰 폭의 매출 성장을 이뤄내기도 했습니다. 하지만 디즈니플러스 등의 경쟁 업체가 나타나며 OTT 시장 경쟁이 과열되고, 가입자 수가 정체되면서 주가가 폭락하기도 했어요.

일상생활에 꼭 필요한
필수·경기소비재 우량주 찾기

미국 필수소비재 우량주 찾기

필수소비재란 살아가면서 반드시 구매할 수밖에 없는 소비재를 의미합니다. 우리가 매일 소비하는 음식, 음료, 일회성 가정용품 및 개인용품 등을 말하죠. 살면서 필수적으로 소비해야 하기 때문에 경기가 좋든 나쁘든 경기를 잘 타지 않는다는 특징이 있어요. 경기를 잘 타는 '경기민감주'와 반대되는 성향으로 보아 '경기방어주(Consumer Defensive)'라고 표현하기도 합니다.

핀비즈 사이트에서 시가총액순으로 정렬을 해보면 1위 P&Q(PG), 2위 월마트(WMT), 3위 코카콜라(KO), 4위 펩시코(PEP), 5위 코스트

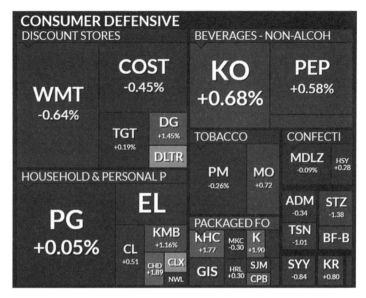

핀비즈 내 필수소비재 섹터

No.	Ticker	▼ Market Cap	Dividend	ROA	ROE
1	PG	385.45B	2.18%	11.90%	31.60%
2	WMT	384.89B	1.59%	3.30%	10.00%
3	KO	275.02B	2.69%	9.00%	38.40%
4	PEP	231.60B	2.56%	8.30%	49.80%
5	COST	231.27B	0.62%	8.80%	30.30%
6	PM	169.11B	4.48%	22.20%	-83.90%
7	EL	114.03B	0.79%	15.20%	54.50%
8	TGT	98.98B	1.76%	13.10%	46.70%
9	MO	94.69B	6.96%	10.10%	234.40%
10	MDLZ	91.73B	2.12%	6.40%	15.60%

핀비즈 내 필수소비재 섹터 시가총액순 정렬

코(COST) 순으로 결과가 나와요.

 이때 비누, 샴푸, 칫솔 등 생필품을 판매하는 P&G나, 생필품 유통할인 매장인 월마트와 코스트코는 이해가 되지만, 코카콜라와 펩시코 같은 음료회사가 왜 필수소비재인지 의아할 수도 있어요. 한 가지 재미있는 점이기도 한데, 음료와 담배, 화장품 역시 경기와 상관없이 사람들이 꾸준히 소비하는 품목이라서 필수소비재로 분류됩니다. 담배회사인 알트리아(MO)와 필립모리스(PM), 화장품회사인 에스티로더(EL) 등이죠. 경기가 불황에도 사람들은 여전히 콜라를 마시고 담배도 피우고 화장품을 바른다는 점이 현실적으로 잘 반영된 섹터 분류라고 할 수 있습니다.

① P&G(PG)

'프록터앤드겜블'이라는 회사 이름을 들으면 처음 보는 기업이라고 생각할 수도 있어요. 하지만 사실 P&G는 우리의 의식주를 점령하고 있는 기업이라고 해도 과언이 아닙니다. 헤드앤숄더 샴푸, 질레트와 브라운 면도기, SK-II 화장품, 다우니 섬유유연제, 페브리즈 등 우리에게 익숙한 생필품의 대부분이 P&G의 브랜드 상품이에요. 생각보다 익숙한 상품이 많아서 놀랍죠?

 P&G는 1837년 설립 이래 무려 180여 년이 넘는 시간 동안 다

양한 종류의 브랜드 상품을 전 세계 각국에서 판매하고 있는 필수 소비재 기업입니다. 세탁실, 거실, 침실, 주방, 아기방, 욕실 등 다양한 분야로 포트폴리오가 다분화되어 있기에 웬만한 매출 하락에 끄떡없을 정도의 저력이 있는 회사라고 볼 수 있죠.

무려 64년간 배당금을 꾸준히 늘려왔기에 '배당귀족주'로도 분류되는 P&G는 주가는 물론 매출, 영업이익, EPS가 장기적으로 꾸준히 증가하고 있는 추세예요. 시장점유율도 지속적으로 상승하고 있고, 원자재 가격이 상승하더라도 소비자가격으로 전가가 가능하기에 물가 및 금리 인상기에도 큰 지장을 받지 않는 것으로 평가받는 기업입니다.

② 에스티로더(EL)

기업명을 듣는 순간 피부에 좋다는 갈색 화장품 병을 떠올리는 사람이 많을 거예요. 에스티로더는 1946년 미국 뉴욕에서 창립된 글로벌 럭셔리 화장품 기업으로, 에스티로더 브랜드 외에도 적극적인 M&A를 통해 지속적으로 포트폴리오를 다양화하고 있어요. 조말론 향수, 바비브라운과 크리니크 화장품 등 우리에게 익숙한 많은 제품이 에스티로더사의 브랜드 상품입니다. 또한 미국 외에도 유럽과 아프리카, 아시아에 진출한 글로벌 브랜드예요.

에스티로더 역시 P&G처럼 실적이 꾸준히 상승하고 있는 종목 중 하나로, 2022년에도 11~13%가량의 순매출 증가가 전망됩니다. 코로나19 완화로 인해 여행 수요가 다시 증가하면서 중국을 포함한 아시아 시장점유율 상승의 수혜를 입을 것으로 예상되기도 해요. 또한 P&G처럼 원가 상승을 소비자가격으로 전가할 수 있어 물가 및 금리 인상기에 유리합니다.

미국 경기소비재 우량주 찾기

경기소비재란 경기 상태에 따라 소비 패턴의 변동이 심한 소비재를 말합니다. 다른 말로 임의소비재, 혹은 경기민감주라고도 표현해요. 경제 상황에 영향을 받고, 시장변동성에 민감하기 때문이에

No.	Ticker	▼ Market Cap	Dividend	ROA	ROE	ROI
1	AMZN	1610.86B	-	9.00%	28.00%	9.50%
2	TSLA	860.63B	-	9.70%	21.00%	15.70%
3	HD	367.18B	1.90%	22.20%	782.10%	34.90%
4	NKE	233.53B	0.85%	16.40%	45.70%	26.80%
5	MCD	188.51B	2.20%	13.20%	-103.90%	19.10%
6	LOW	151.03B	1.44%	16.60%	-	28.80%
7	ABNB	114.75B	-	-33.10%	-123.50%	-74.20%
8	BKNG	111.62B	-	1.60%	7.60%	-7.40%
9	SBUX	109.18B	2.10%	14.90%	-62.20%	49.30%
10	TJX	81.14B	1.57%	8.90%	43.00%	2.30%

핀비즈 내 경기소비재 섹터 시가총액순 정렬

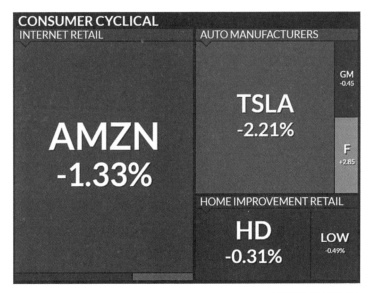

요. 핀비즈 사이트에서 시가총액순으로 정렬을 해보면 1위 아마
존(AMZN), 2위 테슬라(TSLA), 3위 홈디포(HD), 4위 나이키(NKE), 5위
맥도날드(MCD) 순으로 결과가 나옵니다.

① 테슬라(TSLA)

테슬라는 완성차 및 차체를 제조하는 전
기차 분야 1등 기업입니다. 우리에게는
전기차 기업으로만 익숙하지만 그 밖에
도 자율주행, 친환경에너지 관련 산업 서

비스를 제공하고 있어요. 테슬라의 CEO 일론 머스크(Elon Musk)의 발언에 따라 때때로 주가가 급격히 좌지우지되는 우려 점이 있기는 하지만, 장기적으로 보아 꾸준히 우상향하는 그래프와 미국 전체 시가총액 상위권, 친환경산업의 전도유망한 미래 등 특장점이 더 큰 기업입니다. 또한 테슬라는 섹터 분류상 경기소비재로 분류되어 있긴 하지만, 현재 개발 중인 자율주행 서비스를 고려하면 경기소비재보다는 '기술주'에 가까운 특성을 지니고 있기도 해요.

◆ ◆ Awesome Letter ◆ ◆

테슬라 2022년 1분기 실적 분석 읽기

② 에어비엔비(ABNB)

에어비엔비는 여행을 좋아하는 사람이라면 한 번쯤 사용해봤을 숙박 공유 플랫폼 기업입니다. 2008년 창립 이후 웹사이트와 앱을 통해서 숙박, 홈스테이, 관광 서비스 등을 제공해왔으며, 현재는 세계 최대의 숙박 공유 서비스가 되었어요. 호텔 등 기존 숙박업과 차별화하여 숙박업을 하지 않는 이들도 빈집이나 빈방이 있다면 호스트로 참여할 수 있고, 아파트, 캠핑카, 보트, 섬 등 광범위하고 다양한 품종의 숙소를 공급하면서 기존 숙박업을 위협하고 있는 신흥 강자입니다. 현재 220개 나라에서 10억 명 이상의 게스트를 맞이하며, 총 400만 명의 호스트를 보유한 플랫폼으로 성장했어요.

2020년 코로나19가 창궐하면서 한차례 상장이 늦어지기도 했고, 그간 적자 기업이었기에 우려의 목소리도 높았어요. 하지만 2021년 말을 기점으로 흑자 기업으로 전환되었고, 해외여행 수요도 매 분기 회복 추세에 있으므로 코로나19 이후 리오프닝 수혜를 확실히 받을 수 있는 기업으로 손꼽힙니다.

에어비앤비가 2022년 2분기 호실적을 발표했습니다. 코로나19 팬데믹 기간 주춤했던 공유경제가 되살아나고 있는 것인데요. 억눌렸던 여행 수요의 폭발과 인플레이션의 영향으로 공유경제 서비스 이용자가 증가했기 때문입니다. 에어비앤비는 3분기에 더 많은 이익을 거둘 것으로 전망했습니다.

사회 인프라에 투자하는
산업재·유틸리티 우량주 찾기

미국 산업재 우량주 찾기

산업재 섹터는 기업을 대상으로 제품이나 서비스를 생산해내는 산업이에요. 말이 어렵게 느껴질 수 있는데, 대부분 '대규모 장치 산업'을 의미한다고 생각하면 됩니다. 세부적으로는 산업장비(Specialty Industrial Machinery), 항공 및 방위(Aerospace & Defense), 철도(Railroads), 물류(Integrated Freight & Logistics), 농업 및 중장비(Farm & Heavy Construction Machinery) 등으로 이루어져 있어요.

산업재의 경우 넓은 토지와 고도의 기술력 등 높은 진입장벽을 갖고 있습니다. 그리고 정부의 인허가가 필요한 업종이 대부분이에요. 따라서 시장점유율 변화가 크지 않다는 장점이 있습니다. 하지만 경기가 안 좋으면 기업들이 설비투자를 하지 않아서 매출이 줄어들 수 있기 때문에 투자 전 경제 상황을 잘 판단할 필요가 있어요.

핀비즈 사이트에서 시가총액순으로 정렬을 해보면 1위 유나이티드파슬(UPS), 2위 유니온퍼시픽(UNP), 3위 레이테온테크놀로지스(RTX), 4위 허니웰인터내셔널(HON), 5위 보잉(BA) 순으로 결과가 나옵니다.

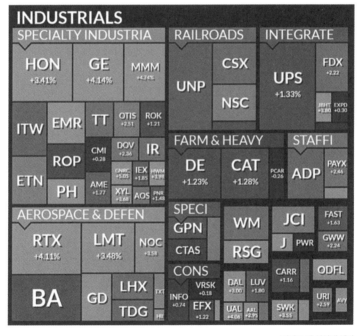

핀비즈 내 산업재 섹터

No.	Ticker	▼ Market Cap	Dividend	ROA	ROE	ROI
1	UPS	183.65B	1.94%	9.50%	79.30%	19.90%
2	UNP	156.81B	1.92%	10.40%	44.50%	16.80%
3	RTX	147.98B	2.08%	2.40%	5.40%	3.40%
4	HON	131.06B	2.08%	8.70%	30.60%	14.70%
5	BA	120.02B	-	-2.90%	26.20%	-5.00%
6	GE	112.54B	0.33%	-2.90%	-18.70%	-5.80%
7	LMT	112.18B	2.74%	12.20%	75.60%	34.80%
8	DE	110.25B	1.21%	6.80%	34.30%	10.20%
9	CAT	101.70B	2.37%	8.00%	39.00%	9.40%
10	MMM	86.55B	3.93%	12.40%	41.00%	18.70%

핀비즈 내 산업재 섹터 시가총액순 정렬

① 보잉(BA)

더보잉컴퍼니(The Boeing Company)는 세계 최대 항공기 제작회사 및 방위산업체입니다. 보잉은 크게 두 개의 사업 부문으로 나눌 수 있어요. 하나는 보잉 종합방위시스템으로, 군사와 우주에 관한 일을 맡고 있습니다. 나머지 하나는 보잉 상업항공으로, 민간항공기를 제작하고 있어요. 이렇듯 두 개의 큰 부문으로 나뉜 사업 분야는 한 기업에 투자하더라도 포트폴리오를 다양하게 만드는 효과를 낼 수 있습니다. 한 분야에서 악재가 터져도 다른 하나의 분야로 커버가 가능하기 때문이죠.

보잉은 2019년 보잉 737 MAX 사고 및 생산 중단 등의 악재에

이어, 2020년 코로나19의 유행으로 주가가 폭락하는 큰 위기를 겪기도 했어요. 하지만 2020년에 비해 2021년 영업이익률이 상승하기도 했고, 또한 코로나19 사태가 안정화되면서 리오프닝 수혜를 확실히 받을 수 있는 기업 중 하나로 평가받고 있습니다.

② 캐터필러(CAT)

CATERPILLAR 캐터필러는 세계 최대의 건설·광산 장비, 가스엔진, 공업용 가스 터빈 생산업체예요. 노란색 도색이 특징인 '불도저'가 바로 캐터필러의 대표적인 상품 중 하나입니다. 사업 분야는 크게 기계, 엔진, 금융상품 등으로 나뉘어요.

캐터필러는 건설 경기의 호황이 있을 때 주요 사업부인 건설 장비 매출 또한 수혜를 볼 수 있습니다. 따라서 '인프라' 투자의 대표적인 수혜주 중 하나로 손꼽히는데, 실제로 조 바이든 대통령 취임 후 인프라 투자를 시작하면서 '바이든 수혜주'로 지목되기도 했어요. 주로 미국 의회가 인프라 투자비 법안을 통과시키면 캐터필러의 주가가 급등하는 특징이 있습니다.

③ 유나이티드파슬(UPS)

UPS는 미국을 대표하는 국제 항공 물류 운송 및 공급망 관리 회사입니다. 1907년 창립되어 벌써 100년이 넘은 기업이에요. 현재는 전 세계 220개가 넘는 나라에 운송 서비스를 제공하고 있어요. 주요 사업 부문은 물류사업(배송)과 공급망 및 운송(유통, 무역 및 중개 서비스) 등입니다.

코로나19 이후 온라인 거래가 급증하면서 물류사업 부문이 크게 성장했고, 항공편 급감으로 국제 물류 배송가격이 일시적으로 폭등하면서 팬데믹 동안 큰 성장을 보이기도 했어요. 그리고 이런 성장과 더불어 20년째 배당금이 증가하고 있어 매력적인 배당주로 사랑받는 종목이기도 합니다.

다만 UPS는 글로벌 운임 지수와 밀접한 관련이 있습니다. 코로나19 이후 치솟은 운임료 덕분에 실적이 급증했는데요. 2022년 하반기 경기 침체 우려가 커지면서 주가가 좋지 않은 상황입니다. 적절한 매수 타이밍은 경기가 다시 개선되는 시점이라고 할 수 있습니다.

미국 유틸리티 우량주 찾기

유틸리티 섹터는 전기, 가스, 수도 등을 공급하는 공익사업이에요. 한국과 달리 미국은 민간기업이 특정 지역별로 공익사업을 하여 수도와 전력 등을 공급하는 특징이 있습니다.

민간기업이 유틸리티 사업을 하고 있다고 해도, 사업의 성패는 기업이 단독으로 통제하기 힘들다는 단점이 있어요. 어디까지나 공익사업을 민간기업이 대신하는 것이기 때문이죠. 예를 들어 정부가 최종 소비자 요금을 통제하기 때문에 개별 기업들이 가격으로 수요공급을 조절하기 힘들어요. 그렇다 보니 시장점유율을 끌어올리기도 쉽지 않고, 정치적인 이슈와 자연재해 등 외부 요인에 영향을 받는다는 한계점도 있습니다.

하지만 사람이 살아가는 데 꼭 필요한 자원을 다루기 때문에 안

핀비즈 내 유틸리티 섹터

No.	Ticker	▼ Market Cap	Dividend	ROA	ROE	ROI
1	NEE	153.91B	2.00%	2.40%	8.50%	4.00%
2	DUK	76.27B	3.93%	1.80%	6.20%	4.20%
3	SO	70.03B	4.06%	1.90%	8.50%	4.20%
4	D	64.54B	3.16%	0.40%	1.80%	3.20%
5	SRE	45.13B	3.11%	1.60%	4.70%	5.10%
6	AEP	44.94B	3.49%	2.90%	11.20%	5.30%
7	EXC	41.80B	3.59%	1.30%	5.10%	3.40%
8	XEL	36.27B	2.72%	2.80%	10.60%	5.40%
9	PEG	32.83B	3.14%	-1.30%	-4.30%	5.60%
10	ED	29.27B	3.61%	1.90%	6.00%	5.20%

핀비즈 내 유틸리티 섹터 시가총액순 정렬

정적인 매출과 현금흐름을 만들어 높은 배당률을 지급하는 기업이 많아요. 따라서 경기를 타지 않는 경기방어적인 특징을 가진다고 볼 수 있습니다. 그리고 큰 규모의 공공 유틸리티 산업은 진입장벽 자체가 높기 때문에 새로운 경쟁자가 치고 들어오기가 힘들어요. 이미 자리를 잡고 사업을 영위하고 있는 기업이라면 안정적인 성장과 배당금을 기대하며 투자를 고려해볼 수 있죠.

핀비즈 사이트에서 시가총액순으로 정렬을 해보면 1위 넥스테라에너지(NEE) 2위 듀크에너지(DUK), 3위 서던컴퍼니(SO), 4위 도미니언에너지(D), 5위 셈프라에너지(SRE) 순으로 결과가 나와요.

① 넥스테라에너지(NEE)

넥스테라에너지는 유틸리티 섹터 내 시가총액 1위 기업입니다. 미국과 캐나다에서 전기에너지를 생성, 송신 및 배포하는 서비스를 제공하고 있어요. 풍력 및 태양열 에너지를 생산하는 기업인 플로리다파워&라이트컴퍼니(Florida Power & Light Company)를 소유하고 있어 재생에너지 산업에서도 큰 영향력을 가지고 있습니다.

특히 기후 문제로 친환경에너지의 중요성이 커지다 보니 넥스테라에너지도 함께 수혜를 받을 것으로 기대되고 있어요. 미국 투자은행 골드만삭스는 재생에너지 추천주로 넥스테라에너지를 꼽기도 했습니다.

넥스테라에너지 역시 현재 28년 연속 배당금을 증액하고 있는 배당주입니다. 앞으로 신재생에너지 관련 사업 규모가 점차 확대될 것을 감안하면 단기투자로 접근하기보다는 중장기적인 관점으로 주가가 저렴할 때 집중 매수해두는 게 좋은 방법일 수 있어요.

② 셈프라에너지(SRE)

셈프라에너지는 미국 샌디에이고 및 캘리포니아 지역 가정에 전기와 천연가스를 공급하는 전력가스 회사입니다. 역시

친환경에너지 사업 회사이기도 한데, 미국-멕시코 국경 간 태양광, 풍력, 배터리 저장 프로젝트를 운영하고 있어요.

셈프라에너지는 전기와 천연가스를 공급하는 사업 특성상 겨울에 매출이 오르는 특징을 가지고 있어요. 천연가스에 대한 수요가 지속적으로 증가하고 있고, 러시아가 나토(NATO)를 견제하는 수단으로 천연가스 공급량을 늘리지 않고 있어 천연가스 가격이 지속적으로 증가하면서 셈프라에너지도 매출 상승의 수혜를 보고 있습니다.

안정적인 매출 성장에 대한 기대와 함께, 셈프라에너지는 3.3%의 배당률로 유틸리티 섹터 내 배당률이 가장 높은 종목이기도 해요(2022년 3월 기준). 진입장벽이 높은 섹터 특성상 배당수익을 기대하며 투자하기 좋은 기업입니다.

③ 아메리칸워터웍스(AWK)

아메리칸워터웍스는 쉽게 말해 미국의 수자원공사로, 물을 관리하고 공급하는 회사입니다. 미국 최고의 상하수도 기술력을 보유하고 있어요. 미국 내 민간 부문뿐만 아니라, 군 기관의 수자원 공급 사업에도 관여하고 있습니다. 미국의 상하수도 요금이 계속 상승추세에 있고, 미국 내 낡은 상하수도관을 교체할 시기도 다가오고 있기 때문에 안정적인 매출 성장이 기대되는 기업이에요.

이런 기업은 유행을 타지 않다 보니 주가 움직임에 큰 변동이 없어요. 따라서 모험심 강한 투자자라면 다소 지루하다고 느낄 수 있죠. 하지만 역시 주가가 하락했을 때 경기방어주로서 포트폴리오에 담아두면 장기적으로 꾸준한 성장을 기대할 수 있습니다.

인플레이션 방어에 유리한
금융·제약 우량주 찾기

미국 금융 우량주 찾기

금융 섹터는 금융 서비스를 제공하는 산업들로 이루어져 있어요. 세부적으로는 은행, 소비자금융, 자산관리, 투자은행 및 중개, 보험 등이에요.

핀비즈 사이트에서 시가총액순으로 정렬을 해보면 1위 버크셔해서웨이 B주(BRK-B), 2위 버크셔해서웨이 A주(BRK-A), 3위 비자(V), 4위 제이피모간체이스(JPM), 5위 뱅크오브아메리카(BAC) 순으로 결과가 나옵니다.

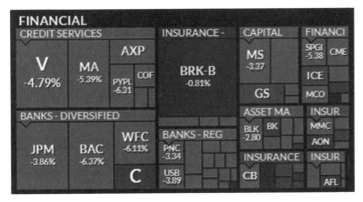

No.	Ticker ▼	Market Cap	Dividend	ROA	ROE	ROI
1	BRK-B	784.21B	-	-	-	-
2	BRK-A	721.95B	-	9.80%	18.90%	1.80%
3	V	413.72B	0.79%	15.70%	37.60%	21.70%
4	JPM	392.57B	3.10%	1.30%	18.30%	6.30%
5	BAC	321.03B	2.19%	1.00%	12.30%	6.10%
6	MA	315.33B	0.63%	24.30%	129.70%	39.90%
7	WFC	183.52B	1.75%	1.00%	12.00%	10.50%
8	MS	151.09B	3.36%	1.20%	14.80%	2.00%
9	SCHW	147.32B	1.05%	0.90%	11.50%	1.10%
10	SPGI	137.60B	0.80%	21.90%	196.00%	54.00%

① 비자(V)

카드를 사용하는 사람의 지갑 속에 하나쯤은 있을 'VISA' 마크의

VISA

주인공이 바로 금융 섹터 시가총액 3위 종목인 비자입니다. 비자는 전 세계 상거래를 지원하는 지불결제 기업으로, 현재 국제 신용결제의 60%를 차지하고 있어요. 사업모델은 사람들이 안전하게 결제하고 대금을 수취하도록 하는 솔루션입니다.

비자는 60%에 달하는 높은 영업이익률과 안정적인 수익모델, 비현금 결제 규모의 꾸준한 증가 그리고 리오프닝 수혜주라는 투자 포인트가 있어요. 하지만 디지털 월렛 시장 확대 및 핀테크 기업의 성장으로 비자의 산업 내 파이가 줄어들 수 있다는 리스크도 있습니다. 물론 비자도 가만히 있지는 않겠죠? 이러한 시장 트렌드 변화를 읽고, 최근 토스 및 라인페이 등과 협업을 하고 있어요. 또한 2021년에는 간편결제 테크핀인 유럽의 오픈뱅킹 플랫폼 팅크(Tink)를 인수하기도 했습니다.

② 뱅크오브아메리카(BAC)

BANK OF AMERICA

뱅크오브아메리카는 1988년 창립된 미국의 상업은행이고, 자산 부문에서 미국에서 두 번째로 큰 지주회사입니다. 금융 섹터 내 시가총액 기준으로는 5위 종목이죠. 주로 금융 및 보험업, 소매은행, 상업은행, 투자은행 업무, 프라이빗뱅킹, 모기지 대출사업과 신용카드 사업 등을 영위하고 있어요.

'뱅크오브아메리카'라는 이름이 어쩐지 '한국은행'과도 비슷한 느낌이라 미국 중앙은행이라고 오해할 수 있어요. 하지만 뱅크오브아메리카는 중앙은행이 아닌 민영은행으로, 워런 버핏이 이끄는 버크셔해서웨이가 최대주주이기도 합니다. 은행이라 이자 수익만 있으리라고 오해하기 쉽지만, 앞서 언급한 다양한 사업 영역에서 꾸준한 현금흐름을 만들고 있고, 이를 주주들에게 배당금으로 지급하고 있어요.

③ 블랙록(BLK)

블랙록은 1988년 설립된 세계 최대의 자산운용사입니다. 전 세계 기관투자자 및 개인 고객들에게 투자 솔루션, 리스크 관리 및 자문 서비스를 제공하고 있어요. 2021년 기준 관리 자산이 8.67조 달러로, 한화로 약 9,000조 원 이상 규모의 자산을 운용하고 있습니다. 사실 미국 주식을 오래 한 사람들에겐 꽤나 익숙한 회사이기도 해요. 자산운용사인 동시에 정말 많은 주식의 주주이기 때문이죠. 블랙록은 ETF시장에서 점유율 1위를 차지하고 있는 기업입니다. ETF명에 'iShares'가 붙어 있는 것들이 모두 블랙록에서 운용하는 ETF예요(IVV, TLT, DRGO 등등). 매출액과 순이익 모두 꾸준히 성장 중이고, 전체적인 현금흐름이 양호해 배당도 지급하고 있어요.

미국 제약 우량주 찾기

제약 섹터는 흔히 '헬스케어'로도 불려요. 제약 및 의료 서비스, 의료기기를 생산하는 산업군을 의미합니다. 제약 섹터 역시 현재의 경제적 상황과는 무관하게 주가가 움직이는 경기방어적인 특징이 있어요. 경기가 좋다고 해서 제약 섹터의 종목들이 오를 거라는 보장은 없지만, 대신 반대로 경기가 나쁠 때도 하락폭이 크지 않

No.	Ticker ▼	Market Cap	Dividend	ROA	ROE	ROI
1	JNJ	450.11B	2.46%	11.80%	29.90%	19.40%
2	UNH	447.01B	1.19%	8.20%	24.90%	16.50%
3	PFE	265.26B	3.33%	12.80%	30.20%	18.90%
4	ABBV	264.08B	3.77%	7.70%	83.00%	17.90%
5	LLY	245.16B	1.50%	11.70%	74.20%	20.80%
6	TMO	211.85B	0.22%	10.20%	20.40%	10.80%
7	ABT	208.85B	1.58%	9.60%	20.60%	13.50%
8	MRK	194.76B	3.55%	13.70%	38.90%	15.50%
9	DHR	190.93B	0.32%	7.90%	15.80%	9.60%
10	BMY	149.36B	3.14%	6.30%	19.00%	9.40%

핀비즈 내 제약 섹터 시가총액순 정렬

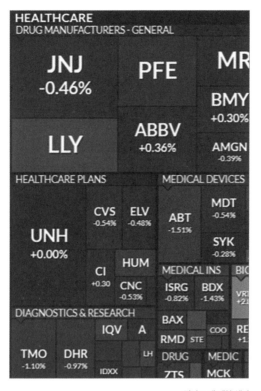

HEALTHCARE
DRUG MANUFACTURERS - GENERAL

JNJ
-0.46%

PFE

MR

BMY
+0.30%

LLY

ABBV
+0.36%

AMGN
-0.39%

HEALTHCARE PLANS

MEDICAL DEVICES

CVS
-0.54%

ELV
-0.48%

ABT
-1.51%

MDT
-0.54%

UNH
+0.00%

SYK
-0.28%

CI
+0.30

HUM

MEDICAL INS

BIC

CNC
-0.53%

ISRG
-0.82%

BDX
-1.43%

VR
+2.

DIAGNOSTICS & RESEARCH

BAX

IQV

A

RMD

STE

COO

RE
+1.

TMO
-1.10%

DHR
-0.97%

LH

DRUG

MEDIC

IDXX

ZTS

MCK

핀비즈 내 제약 섹터

을 가능성이 높아요. 따라서 제약 섹터를 포트폴리오에 편입해두면, 자산의 수익률 하단을 지지해주는 역할을 할 수 있습니다.

핀비즈 사이트에서 시가총액순으로 정렬을 해보면 1위 존슨앤드존슨(JNJ), 2위 유나이티드헬스그룹(UNH), 3위 화이자(PFE), 4위 애브비(ABBV), 5위 일라이릴리(LLY) 순으로 결과가 나와요.

① 유나이티드헬스그룹(UNH)

유나이티드헬스그룹은 미국 최대 민간건강보험사로, 현재 제약 섹터 내 시가총액 2위 종목입니다. 기업명에서 볼 수 있듯이 의료서비스 기업들을 자회사로 둔 모회사로, 건강관리 서비스, 보험, 의료네트워크, 데이터 분석 등의 사업 분야를 가지고 있어요. 단순한 제약회사로 보기에는 조금 더 안정적인 수익 구조라는 평가를 받고 있는데, 보험회사 특성상 경기 불황에 강하고 매출과 영업이익이 안정적으로 나오기 때문입니다. 지난 5년간의 배당 성장률이 무려 17.52%에 달해 인플레이션 헤징(Hedging: 가격 변동으로부터 발생하는 위험을 제거하기 위한 거래)에 강한 종목으로 분류되고 있어요.

② 화이자(PFE)

코로나19 백신으로 익숙한 기업인 화이자는 연구 기반의 글로벌 제약회사로, 제약 섹터 내 시가총액 3위 종목입니다. 사업 분야는 크게 제약과 동물건강 두 분야로 나뉘어요. 우리에게는 코로나19 백신 보급으로 인해 익숙한 기업이지만 이전에는 구충제와 비아그라로 히트를 치기도 했죠. 코로나19 백신 수혜를 톡톡히 누리며 큰 폭으로 주가가 성장하기도 했지만, 경쟁사에서 백신

혹은 코로나19 치료제를 개발했다는 소식이 나오면 주가가 급락하는 등 평균적인 주가 변동성이 굉장히 큰 편이에요. 배당성향이 높아 배당주로도 매력적이라는 평가를 받고 있지만, 주가 급락 시 배당금으로 만회하기 힘들 수 있으므로 매수 타이밍에 대한 주의가 필요합니다.

③ 애브비(ABBV)

애브비는 미국의 대표적인 바이오 제약 기업으로, 전 세계에서 의약품을 발굴, 개발, 제조 및 판매하고 있어요. 제약 섹터 내 시가총액 기준으로 4위 종목이며, 만드는 약의 종류가 정말 다양한 기업입니다.

대표적인 상품은 자가면역질환 치료제인 휴미라인데, 류마티스 관절염 치료 분야에서 압도적인 판매량을 보이고 있어요. 이외에도 만성림프성백혈병 치료를 위한 치료제 임브루비카(Imbruvica), 유전자 1형 만성간염을 가진 성인을 위한 치료제 비에키라 팩(Viekira Pak) 등을 제공하고 있습니다.

동종 업계 기업 중 지난 5년간 주당순이익이 가장 높은데다가 순이익이 꾸준하게 증가하고 있어요. 무엇보다 50년 연속 배당금을 인상한 기업이라는 투자 포인트가 있습니다. 단 대표 상품인 휴미라가 2023년 계약이 만료될 예정이라서 이때를 기점으로 매출과 수익이 급감할 수도 있어요. 투자 전에는 관련 뉴스를 주의 깊게 체크할 필요가 있겠죠?

◆ ◆ Awesome Letter ◆ ◆

제약 섹터 관련 전반적인 내용 살펴보기

생소한 미국 기업에
투자하고 싶다면?

잘 알려지지 않은 미국 기업에 대한 투자를 고려할 때, 투자자들에게 외면당한 종목은 아닐지 확인하는 방법을 알려줄게요.

어떤 섹터에 투자하든, 시가총액이 1위라고 해서 묻지도 따지지도 않고 투자하는 것보다는 앞서 배운 ROE, PER 등 모든 투자 지식을 총동원해서 어느 기업에 투자할지 직접 판단해야 합니다. 단, 이때 주의할 사항은 '시가총액이 높은 기업' 중에서 다시 한번 ROE, PER 등의 재무제표 지표를 필터링해야 한다는 점이에요. 시가총액과 관계없이 ROE, PER 등만 보고 투자를 결정해서는 안 됩니다. 해당 재무제표 지표의 결과가 좋다고 해서 해당 기업도 무조건 좋은 기업이라는 보장이 없기 때문이에요.

애플이나 마이크로소프트와 같이 시가총액이 크고 이미 우리에게 익숙한 기업은 시장에서 어느 정도 검증이 되어 있다고 할 수 있어요. 하지만 이름조차 처음 들어보는 생소한 기업이라면 시장에서 소외된 기업일 가능성이 높습니다.

따라서 스스로 자료를 찾고 공부해야 합니다. 평소 관심이 없어 몰랐던 기업일 수도 있고, 실제로 시장에서 소외된 기업일 수도 있어요. 정확한 정보는 직접 분석을 해보기 전까지는 알 수 없습니다.

잘 모르는 해외 주식을 제대로 공부하는 방법을 알려드릴게요. 시장 소외 여부를 알기 위해서는 해당 종목이 미국 증권가에서 얼마나 자주 언급되는 종목인지를 보면 됩니다. 방법은 CNBC나 WSJ(월스트리트저널)에 접속 후, 해당 종목을 검색하여 최근 뉴스를 보는 거예요. 뉴스 독해를 위해 어느 정도의 영어 실력이 필요하지만, 요새는 번역기도 잘 되어 있으니 너무 겁먹을 필요는 없어요.

해당 종목에 대해서 미국 증권가가 긍정적인 의견을 남긴 경우에는 매수 시 참고할 수 있겠죠. 하지만 아무런 검색 결과가 나오지 않거나, 주로 부정적인 의견인 경우에는 재무 지표가 좋아도 재고해보는 것이 좋아요.

FILTER   ALL RESULTS   ⌄   SORT BY   **RELEVANT**   NEWEST

PRO: STREET CALLS

UBS upgrades Seagate Technology, says chip stock can be a standout in struggling sector

Seagate Technology is emerging as a potential winner in the struggling semiconductor sector, according to UBS.Analyst Timothy Arcuri upgraded the stock to buy from neutral, ...

Jesse Pound   8/16/2021 5:56:54 PM

MARKET INSIDER

Stocks making the biggest moves in the premarket: Sonos, MicroStrategy, Seagate Technology and more

Take a look at some of the biggest movers in the premarket:Sonos (SONO) – Sonos shares surged 10.6% in the premarket after an International Trade ...

Peter Schacknow   8/16/2021 6:40:39 PM

CNBC에서 종목 검색 후 관련 뉴스 확인.
최근 월가에서 분석한 자료가 있는지 찾아볼 수 있다.

인플레이션에 유리한 섹터는?

2022년 상반기 글로벌경제의 핵심 키워드는 인플레이션이에요. 40년 만에 최악의 고물가를 경험하고 있죠. 2022년 6월 미국의 소비자물가지수(CPI)는 전년 대비 무려 9.1%나 급등했습니다. 2020년 코로나19 위기 극복을 위해 전 세계 중앙은행들이 무한대로 풀었던 유동성의 역풍을 맞고 있는 거예요.

　이런 고물가로 가장 큰 타격을 받은 섹터는 테크주입니다. 테크놀로지 섹터는 저금리로 유동성이 풍부할 때 유리해요. 눈앞의 실적보다는 미래 성장성이 더 중요하기 때문입니다. 이 때문에 미국 나스닥 지수도 2022년 상반기 최악의 성적표를 거뒀어요.

　이에 반해 오히려 인플레이션에 유리한 섹터가 있습니다. 아무리 물가가 올라도 먹고는 살아야겠죠. 인간이 살아가는 데 필요한 '필수소비재'는 오히려 고물가의 수혜주가 될 수 있습니다. 기업들이 원자재가 올랐다는 이유로 가격을 인상해도 소비자들은 울며 겨자 먹기로 살 수밖에 없기 때문이에요. 실제로 2022년 상반기 식음료품 섹터는 시장보다 높은 수익률을 기록했어요. 이렇게 시장상황에 따라 수혜를 보는 섹터와 피해를 보는 섹터가 명확합니다. 우리가 섹터 공부를 열심히 해야 하는 이유예요.

음식료, 원자재 상승 반영 최대 20%까지 가격 인상

음식료 섹터의 특징을 알아볼게요. 여러분에게도 너무나 친숙한 섹터인데요. 오히려 그러다 보니 관심이 덜했을 수 있어요. 손에 핸드폰을 들고 있는데 '내 핸드폰 어디 갔어?'라며 찾는 꼴이라고 할까요?

음식료 섹터는 지금 같은 고물가 시대에 적절한 방어주예요. 원자재 상승을 이유로 가격을 인상했기 때문이에요. 연초 이후 주요 식품업체들의 가격 인상 현황을 볼게요. CJ제일제당의 인상 품목이 가장 많아요. 비비고 죽은 평균 15% 인상됐고요. 닭가슴살 제품도 10% 올렸어요. 그 밖에 어묵 제품, 비비고 만두, 냉동피자, 스팸, 햇반 등의 가격을 일제히 올렸어요. 같은 금액인데 장바구니가 가벼워진 듯한 건… 기분 탓이 아니에요.

제과류의 오름폭도 큰데요. 빼빼로, 초콜릿 등의 가격이 최대 20% 인상됐고요. 허니버터칩, 새우깡 등 과자류도 5% 이상 올랐어요. 그뿐이 아니에요. 주류도 올랐는데요. 하이트진로는 소주와 맥주를 각각 7.9%, 7.7%씩 인상했고요. 롯데칠성은 소주값을 7.2% 올렸어요.

6장

짠투자자를 위한
모닝 루틴

투자의 성패를 좌우하는
모닝 루틴

드디어 마지막 장이에요! 지금까지 지치지 않고 잘 따라왔다면 여러분은 하루 1만 원이 아닌, 월급만큼의 돈을 충분히 벌 수 있는 기본기를 다진 거예요. 이번 장에서는 실전투자에서 그야말로 바로 써먹을 수 있는 구체적인 실전 팁을 알려줄게요.

앞에서 투자는 머리를 써서 돈을 버는 거라고 했어요. 아마 머리로 돈을 번다고 하니까 부지런하지 않고 게을러도 된다고 생각할지도 몰라요. 하지만 머리로 돈을 벌 때도 몸은 부지런해야 해요. 특히 시장상황은 늘 변하기 때문에 본업이 있다고 해도 늘 시장 흐름에 대한 관심을 가져야 합니다. 주식투자에서 가장 힘든 점이 이 부분인데, 잠시 다른 일에 집중하느라 타이밍을 놓치면 수익을 극대화하기 힘들어요. 매일 바쁜 스케줄을 소화하느라 정신이 없을 수 있지만, 시장 체크 시간을 정해두고 지키는 게 중요합니다.

그래도 다행인 점은 시장에 관심을 가지는 건 언제 어디서든 마음만 먹으면 할 수 있다는 거예요. 한국에 있든 해외에 있든, 집 안이든 밖이든, 인터넷만 연결된 곳이라면 언제 어디서든 확인 가능하죠. 이번 장에서 알려주는 투자자의 루틴만 익히면 퇴사를 꿈꾸는 여러분이 원하는 궁극적 목표인 '디지털 노마드'의 삶을 살 수 있어요.

모닝 루틴이 투자의 성패를 좌우한다

여러분의 아침 루틴은 뭔가요? 새벽 5시에 일어나 자기 발전을 위한 일이나 운동을 하고 신나게 출근하는 '미라클 모닝'을 실천하나요? 아니면 허겁지겁 일어나 천근만근인 몸을 이끌고 회사로 향하나요? 사실 여러분이 어떤 아침을 보내고 있든 큰 상관은 없어요. 만약 투자를 위한 루틴을 넣지 않았다면 투자자의 모닝 루틴으로는 완전 꽝이기 때문이에요. 혹시 출근길에 전날 미국 시황을 체크하고 경제 방송을 듣고 있나요? 그렇다면 어느 정도 투자자의 모닝 루틴에 근접하다고 할 수 있습니다.

사실 저도 증권부로 발령을 받아 새벽 출근을 하기 전까진 온전한 투자자의 모닝 루틴을 실천하지 못했어요. 그런데 증권부에서 주식 관련 기사를 쓰면서 투자자의 모닝 루틴은 달라야 한다는 사실을 깨달았죠. 당시 제 모닝 루틴은 일단 아침 7시까지 여의도 증권거래소로 출근하는 거였어요. 왜 그렇게 일찍 출근했냐고요? 그래야 아침에 발간된 국내 증권사 리포트들을 다 읽을 수 있기 때문이에요. 매일 아침 증권사에서 발행하는 수십 개의 리포트를 다 읽고 기사가 될 만한 우량한 리포트를 선별하는 게 증권부 기자의 업무예요. 특히 다른 기자 선후배들과의 경쟁 때문에 그들보다 먼저 리포트를 읽어야 원하는 기사를 쓸 수 있었어요.

처음엔 매일 아침 수많은 증권사 리포트를 읽는 일이 정말 힘들었어요. 읽고 쓰는 게 기자의 일이라지만, 매일 같은 일을 반복하는 건 그야말로 '노잼'이었죠. 처음 3개월 정도는 하루빨리 증권부를 탈출할 궁리만 했어요. 심지어 우울증에 걸릴 지경이었죠. 그런데 신기하게도 계속 반복하다 보니 투자를 제대로 하기 위해 꼭 필요한 루틴임을 알게 됐어요. 심지어 회사를 그만둔 지금까지도 이 루틴을 유지하고 있어요. 뜬금없는 얘기지만, 회사에서 무슨 일을 시키면 일단 처음엔 열심히 해보세요. 그게 진짜 도움이 되는 일인지 아닌지는 어느 정도 숙달이 된 이후에 알 수 있어요.

물론 여러분은 투자자들을 위한 콘텐츠를 생산하는 기자들처럼 모든 루틴을 다 따라 할 필요는 없어요. 지금부터 제가 알려주는 스텝들만 따라 해도 충분합니다. 딱 3개월만 따라 해보면 습관이 돼서 그다음엔 안 하면 허전하게 될 거예요. 이렇게 루틴이 습관이 되면 여러분은 공부하지 않는 투자자들에 비해 장기적으로 훨씬 더 앞서가게 될 거예요.

짠투자자의 모닝 루틴
6 STEP

투자자의 모닝 루틴 첫 번째 스텝은 전날 마감한 미국 시장을 확인하는 거예요. 글로벌시장은 미국 중심으로 돌아가고 있어요. 미국에서 기준금리를 올리니까 전 세계 중앙은행들이 따라서 기준금리를 인상하고 있죠. 그렇게 하지 않으면 글로벌 자금이 다 미국으로 빨려 들어가기 때문이에요. 따라서 글로벌 투자자인 우리가 최우선으로 관심을 가져야 할 시장은 미국입니다. 미국에서 어떤 일이 벌어지고 있는지를 이해해야 한국은 물론 나머지 시장상황도 이해할 수 있어요. 심지어 미국의 기준금리 인상은 한국의 부동산 시장에까지 영향을 미쳐요.

미국 시장에 관심을 가지려면 전날 미국 시장상황을 체크해야 해요. 일반적으로 미국의 3대 지수인 다우 지수, S&P500 지수, 나스닥 지수를 확인합니다. 여기에 러셀2000 지수까지 추가할 수 있어요. 이미 앞에서 미국의 지수에 대해 공부했기 때문에 생소하진 않을 거예요.

그런데 중요한 건 단순하게 미국의 지수들이 올랐는지 내렸는지만 확인하는 데서 그쳐선 곤란하다는 거예요. 전날 미국 시장의 나스닥 지수가 올랐다면 왜 올랐는지, 내렸으면 왜 내렸는지를 분석해야 합니다. 그래야 시장에서 일어나는 이벤트가 어떤 결과로 나타나는지를 알 수 있어요. 주식 공부란 결국 시장에서 발생하는 변수들이 서로 어떤 영향을 미쳐서 어떤 결과로 나타나는지에 대한 공부에요. 저는 정말 중요한 이벤트가 있었던 날은 어썸레터를 통해 미국 시장 마감 상황을 쓰기도 합니다. 다음은 2022년 9월 22일 발송한 어썸레터의 일부입니다.

9월 FOMC에서 미국 연준은 예상한 대로 기준금리를 75bp 인상했어요. 하지만 이것보다 더 중요한 건 연준 의원들이 전망하는 2022년 말과 2023년의 금리 수준입니다. 2023년에 미국의 기준금리가 최고 5%까지 상승할 거란 전망이 나왔고, 이는 경기침체 우려를 키웠어요.

이제 느낌이 좀 오나요? 지수를 확인한다고 해서 단순히 지수의 상승 또는 하락만 체크하는 것은 1차원적인 방식이에요. 이 책에서 말하는 '지수 마감 확인'이란, 어떤 지수가 왜 올랐는지까지 생각하는 것을 의미합니다. 예를 들어 다우 지수와 S&P500 지수는 하락했는데, 나스닥 지수만 상승 마감한 경우가 있을 수 있어요. 그럴 땐 나스닥 지수를 이루고 있는 기술주 섹터는 선방했으나, 산업재, 소비재 등 나머지 섹터는 장이 좋지 않았다고 해석할 수 있겠죠.

그리고 여기서 끝내지 않고 왜 기술주 섹터만 좋았는지에 대해서도 파악해봐야 합니다. 필라델피아 반도체 지수가 올라서 반도체 관련 기술주들이 상승하는 특징을 보였다든지 또는 미국 10년물 국채금리가 하락해서 상대적으로 기술주들에게 호재로 작용했다든지, 이도 아니면 그동안 너무 많이 하락해서 특별한 이유 없이 수급에 의해 오른 것인지 등 이유를 확인하는 것이 필요해요.

물론 3대 지수가 전부 상승 또는 하락한다면, 뭉뚱그려서 '시장이 좋다' 또는 '시장이 안 좋다'고 간단하게 해석할 수도 있어요. 하지만 이때도 단편적으로 해석하기보다는 전날 미국 시장에 무슨 일이 있었는지 기본적인 팩트 체크는 해보는 게 좋아요. 지수 마감과 함께 시장 해석을 강조하는 이유는 딱 하나입니다. 어떤 요인들이 주식시장에 영향을 미치는 변수인지 알고, 머릿속에 투자와 관련된 데이터를 쌓아나가기 위해서죠. 특정 이벤트가 시장에 어떻게 영향을 미치는지에 대한 논리 구조를 이해하는 게 중요합니다.

STEP 2. 특징주 파악하기

시장 전체의 특징을 파악했다면 그다음에는 개별종목들을 살펴봐야 해요. 앞에서 3대 지수를 통해 전체적인 숲의 그림을 파악했다면, 개별종목 파악은 숲속의 나무를 보는 것이라고 할 수 있어요.

특정주 파악 역시, 지수 파악처럼 단순히 어떤 종목이 오르고 내리는지를 파악하기보다 어떤 종목이 왜 올랐는지 그 이유까지 분석해야 합니다. 그래야 각 기업이 어떤 변수에 의해 주가가 오르내리는지를 알 수 있기 때문이에요.

미국 장의 특정주 파악은 그다음 날 아침 한국 주식시장에도 영향을 미쳐요. 예를 들어 애플에 호재가 있어서 애플 주가가 상승한다면, 그다음 날 국내 애플 관련 주식인 LG이노텍과 뉴프렉스가 상승할 가능성이 크죠. 이 기업들은 애플이 아이폰을 만들 때 필요한 부품을 납품해요. 이렇게 한국 주식시장을 예측하는 데도 미국 특정주 파악은 큰 중요성을 가지고 있습니다.

STEP 3. 미국 주요 경제 이벤트 확인

주식시장에 영향을 미치는 변수들은 상당히 많습니다. 이는 증권사별로 매월 만들어 배포하는 주요 이벤트 캘린더를 보면 쉽게 확인할 수 있어요.

그런데 이 캘린더에는 워낙 많은 경제 이벤트 정보가 들어가기 때문에 진짜 중요한 게 무엇인지 구별하기가 쉽지 않아요. 따라서 캘린더에 나오는 이벤트 중 주식시장에 상승 호재 또는 하락 악재로 작용할 수 있는 이벤트를 선별할 줄 아는 능력을 갖춰야 합니다.

처음부터 쉽지는 않겠지만, 매일 아침 경제 뉴스를 꾸준히 읽으며 지수 마감과 특징주를 체크하다 보면 시장에 영향을 미치는 핵심 이벤트는 사실 몇 개 되지 않는다는 사실을 알게 될 거예요. 주로 통화정책과 관련되거나, 고용·소비·생산과 관련된 것들로, 세부적으로는 아래와 같습니다.

- 금리 관련: 미국 통화정책회의 FOMC, 미국 연준 의장 발언
- 고용 지표: 고용보고서 및 실업률 등
- 소비 지표: 소비자신뢰지수, 소비자기대지수 등
- 생산 지표: 제조업 및 서비스업 구매관리자지수(PMI), 산업
  생산지수, 소매판매지수

이때 경제 이벤트에 대한 해석에는 정해진 답이 없다는 사실을 기억해야 합니다. 같은 발표 내용이라도 당시 시장상황에 따라 호재가 될 수도, 악재가 될 수도 있어요. 즉 어떠한 이벤트라도 시장 컨디션에 따라 해석이 달라질 수 있는 거죠. 분명히 긍정적인 뉴스지만 시장에선 악재로 받아들일 수 있고, 분명히 안 좋은 뉴스인데 시장에선 호재로 받아들일 수도 있다는 거예요.

예를 들어 고용 지표가 나쁘게 나올 경우 일반적으로 경기가 좋지 않다는 뜻이니 주가도 떨어질 가능성이 크다고 생각할 수 있어

2022년 10월 Kiwoom Research Calendar

키움증권

Strategist 한지영 (02)3787-5241 hedgui830@kiwoom.com
RA 김지현 (02)3787-3761 jeehyun131@kiwoom.com

월간 경제·증시 이벤트 캘린더 (월요일~일요일)

출처: 키움증권 홈페이지 〉 투자정보 〉 월간증시전망

요. 하지만 2021년 8월, 미국의 신규 고용이 기대치에 크게 못 미친 고용쇼크가 발표됐을 때 정작 미국 주식은 상승 마감했습니다. 고용 지표가 안 좋게 나오자 연준이 테이퍼링(Tapering: 통화긴축) 시기를 늦출 수 있다는 기대감이 시장에 일었기 때문이에요. 이렇게 같은 뉴스라도 시장 참여자들이 어떻게 받아들이느냐에 따라 해석이 달라진다는 것을 잊지 말아야 합니다.

STEP 4. 국내 시장 살펴보기

미국 주식시장의 숲과 나무를 살펴봤다면, 그다음은 한국 주식시장 차례예요. 앞서 얘기했듯이 전 세계 금융시장은 모두 연결돼 있고, 전날 미국 주식시장의 결과는 그다음 날 한국 주식시장에도 영향을 미칩니다. 하지만 이 또한 일반적인 경우로, 미국 주식시장과 한국 주식시장이 서로 다른 방향으로 움직이는 예외적인 상황이 있을 수 있다는 걸 명심해야 해요.

STEP 5. 국내 개별종목 살펴보기

국내 시장을 살펴본 뒤에는 국내 개별종목들을 확인해야 합니다.

한 가지 팁은, HTS 또는 MTS에 관심종목을 섹터별로 미리 등록해 두면 오전 장의 흐름을 보고 그날의 주도 섹터를 파악할 수 있어요.

STEP 6. 데이 트레이딩 하기

실컷 정보를 모아 인풋(Input)을 했는데 아웃풋(Output)이 없으면 말짱 도루묵이겠죠? 앞선 1~5번 과정을 통해 열심히 시장에 대해 파악했다면, 이제는 어떻게 매매를 할지 결정을 내려야 합니다. 이미 미국 시장부터 출발하여 전체적인 숲과 개별종목의 흐름까지 다 파악했기 때문에 그렇게 하지 않았을 때에 비해서는 매매 의사를 결정하기가 훨씬 수월할 거예요. 더 이상의 무지성 투자는 그만할 수 있는 거죠!

● 한국의 증시 일정 및 거래 시간

정규 시간		09:00~15:30
동시호가	장 시작 동시호가	08:30~09:00
	장 마감 동시호가	15:20~15:30
시간 외 종가	장전 시간 외 종가	08:30~08:40 (전일 종가로 거래)
	장후 시간 외 종가	15:40~16:00 (당일 종가로 거래)

● 미국의 증시 일정 및 거래 시간

국가	현지 시간	한국 시간
미국	09:30~16:00	23:30 ~ 06:00 (*서머타임 적용 시 1시간씩 당겨짐) *서머타임: 여름철에 표준시보다 1시간 시계를 앞당기는 제도

그럼에도 초보자라면 아직 매매 의사 결정을 내리기가 쉽지는 않을 거예요. 한 가지 추천하는 방법은 관심종목에 있는 종목이 급락할 때 '줍줍(주워 담기)'하는 거예요. 국내 주식은 장 오픈 시간에 맞춰 트레이딩을 하면 되고, 미국 주식은 장이 열리는 시간을 기다렸다가 밤에 잠들기 전, 혹은 조금 이른 새벽 시간에 트레이딩을 할 수 있어요.

증권사 리포트를
봐야 하는 이유

2021년 10월 구글 트렌드의 조사 결과에 따르면 투자자들이 투자 정보를 가장 많이 얻는 곳은 '실전투자 갤러리', '해외 주식 갤러리' 사이트라고 합니다. 이 책의 독자 여러분 중에서도 관련 사이트에 접속해본 경험이 있을지도 모르겠어요. 그런데 주식 갤러리와 같은 불특정 다수가 모인 커뮤니티에서 서로 정보를 공유하는 형태에는 리스크가 존재한다는 걸 명심해야 합니다. 검증되지 않은 정보를 바탕으로 투자 판단을 내리게 될 수 있고, 이로 인해 큰 금전적 손실을 입을 수 있기 때문이에요.

관련 검색어 ⑦	급상승 ▼	관련 검색어 ⑦	급상승 ▼
1 실전 투자 갤러리		1 해외 주식 갤러리	급등
2 코인 투자		2 엔비디아 주식	급등
3 실전 주식 투자		3 엔비디아 주가	급등
4 실전 주식 투자 갤러리		4 모더나 주식	급등
		5 삼성 바이오 로직스 주가	급등

　　제대로 된 투자 교육 및 정보 부족이 일으킬 수 있는 더 심각한 문제는 바로 고수익을 미끼로 사기성 투자를 권유하는 사이버 범죄입니다. 경찰통계연보에 따르면 2018년 사이버금융범죄 피해액은 213억 원, 발생 건수는 5,621건에 달한다고 해요. 투자에 대한 사람들의 관심도가 갈수록 높아지는 것은 긍정적인 일이지만, 그만큼 잘못된 정보로 투자 판단을 내려 큰 손해를 입는 개인 투자자들도 증가하고 있는 건 정말 안타까운 일이에요. 하지만 최소한 이 책을 읽는 분들이라면 투자 판단에 참고해도 될 만한, 제대로 된 고급정보를 찾는 방법을 반드시 알아야 합니다. 그 답은 바로 '증권사 리포트'에 있어요.

팩트에 근거한 정보 수집의 중요성

부동산투자 정보를 얻으려면 직접 현장에 방문(임장)해봐야 합니다. 그럼 주식투자 정보는 어디에 있을까요? 부동산투자와 마찬가지로 역시 답은 우리가 투자하는 기업, 바로 그 현장에 있어요. 가장 정확한 정보를 얻고 싶다면, 기업에 직접 가서 대표와 임직원들을 인터뷰하고 현장 탐방을 해봐야 하죠.

하지만 현실적으로 수많은 투자자가 기업에 직접 방문해서 취재를 하는 것은 불가능합니다. 투자자 입장에서도 본인이 투자하는 모든 기업을 직접 방문하기가 시간적으로 여의치 않지만, 기업 입장에서도 수많은 투자자가 매일같이 기업탐방을 목적으로 몰려온다면 아마 사업이 마비되고 말 거예요.

하지만 그렇다고 해서 걱정할 필요는 전혀 없습니다. 투자자들을 대신해서 기업 발품을 팔아주는 전문가들이 있기 때문이죠. 바로 말로만 듣던 '증권사 애널리스트'들이에요. 증권사 애널리스트들은 정보 접근성에 있어서 일반 투자자들보다 훨씬 우위에 있어요. 물론 기업에 대한 기본적인 재무제표는 전자 공시를 통해 집에서도 확인이 가능해요. 하지만 기업과 관련된 최신 이슈들은 애널리스트들이 훨씬 더 빠르게 파악할 수 있습니다.

애널리스트들은 개인 투자자처럼 전체 섹터를 다 보기보다는 본인에게 할당된 하나의 섹터에 대해서만 집중적으로 분석을 합니다. 따라서 이들이 작성하는 리포트는 해당 섹터의 전문가들이 직접 취재한 정보를 바탕으로 하는 고급 콘텐츠라고 볼 수 있어요. 물론 애널리스트들이 쓴 리포트라고 해서 기업 전망 등에 대한 예측이 항상 100% 일치하는 것은 아닙니다(최종적인 투자 판단은 투자자 본인의 몫임을 잊지 말자고요!). 하지만 최소한 사실에 근거한 전문가의 견해가 들어가기에, 증권사 리포트 읽기는 효율적인 기업 정보 수집 방법이라고 할 수 있어요.

처음부터 증권사 리포트가 쉽게 읽히지는 않을 거예요. 오히려 우리말인데도 독해가 필요한 외국어 수준으로 어렵게 느껴질 가능성이 더 크죠. 하지만 그럴 때는 처음부터 무리하게 욕심을 내기보다 '하루에 리포트 한 개씩 읽기'를 목표로 세우고, 모르는 단어부터 하나씩 찾아가며 공부해보는 것은 어떨까요? 앞서 얘기했듯이 약 3개월만 반복하다 보면 어느새 아침 시간 30분만 할애해도 리포트 몇 개쯤 읽는 건 식은 죽 먹기라고 느끼게 될 거예요.

그렇다면 증권사 리포트는 어디서 구해서 어떻게 읽어야 효율적일까요? 이어서 설명할 테니 조금만 더 집중하길 바라요!

증권사 모닝 브리핑
200% 활용법

이제 증권사 리포트가 중요하다는 사실에 대해서는 모두 공감할 거예요. 하지만 여전히 '어떤 증권사의 무슨 리포트를 읽어야 할까?' 하는 궁금증이 남아 있을 겁니다.

매일 아침 쏟아지는 수백 개의 리포트를 다 읽기엔 우리의 시간은 한정적이에요. 본업에도 충실해야 하고 일상생활도 해야 하기에 현실적으로 모든 리포트를 다 읽기란 불가능에 가깝죠. 물론 시간적 여유가 된다면 다양하게 읽어보는 것도 좋지만, 관련 업계 종사자가 아닌 이상 아침에 모든 자료를 훑을 정도로 여유가 있는 사람은 많지 않을 거라고 생각해요.

따라서 직장인을 비롯해 아침 시간을 바쁘게 보내는 모든 이들이 한정적인 시간을 보다 효율적으로 보낼 수 있도록 몇 가지 리포트를 취사선택하여 소개하려 합니다. 각 리포트 간 별다른 차이가 없다고 느낄 수도 있지만, 어떤 뉴스를 핵심 이슈로 선택하는지를 보면 각각의 증권사마다 주력하는 투자 관점을 엿볼 수 있어요(단, 이 책에서 언급하지 않은 다른 증권사 리포트가 안 좋다는 의미는 아니에요. 소개된 리포트들 외에도 다른 리포트들을 직접 찾아보는 연습 자체가 공부가 될 수 있답니다).

① 전날 마감 시황 정리: 교보증권 〈Daily Market Monitor〉

 앞선 '투자자의 모닝 루틴'에서 언급한 포인트를 보기 쉽게 잘 담고 있는 리포트는 교보증권의 〈Daily Market Mornitor〉입니다. '글로벌 증시' 파트에서 전날 마감한 미국, 유럽, 중국 증시 상황을 확인할 수 있어요. 다음 그림과 같이 각 지수의 전날 시황뿐만 아니라 주간, 월간, 연간 수익률까지 보기 쉽게 알려주고 있죠.

국내 시장 동향도 확인이 가능한데, 이미 전날 오후 체크된 자료라 과거의 자료라는 점을 기억해야 해요. 하지만 과거의 자료라도 외국인 순매수와 신용융자잔고는 체크할 필요가 있어요. 외국인 순매수를 통해 국내 증시로의 외국인 자금 유입 정도를 알 수

KYOBO Daily Market Monitor   KYOBO 교보증권
2022-09-20

국내 증시

주요지표(pt, %)	종가	1D	1W	1M	YTD	1Y
KOSPI	2,355.66	-1.14	-1.20	-6.08	-20.89	-24.37
KOSDAQ	751.91	-2.35	-3.33	-8.98	-27.28	-27.33
대형주	2,318.98	-1.03	-0.96	-6.12	-20.17	-22.59
중형주	2,727.64	-1.48	-2.36	-5.99	-17.25	-24.08
소형주	2,246.64	-2.03	-2.02	-5.34	-12.82	-20.24
KOSPI시가총액(조 원)	1,856.71	-1.11	-1.19	-6.04	-15.73	-17.70
KOSDAQ시가총액(조 원)	342.94	-2.35	-3.19	-8.37	-23.16	-21.49
KOSPI 거래대금(십억 원)	6,886.00	-20.76	-25.23	-3.10	-21.10	-61.29
KOSDAQ 거래대금(십억 원)	6,345.00	-15.29	+1.83	-10.18	-37.20	-42.94
외국인 순매수(누적, 십억 원)		-50	-221	+154	+16,088	-11,793
기관 순매수(누적, 십억 원)		-29	-66	-2,386	-14,542	-13,013
개인 순매수(누적, 십억 원)		+85	+301	+4,211	+31,197	+25,436
저축동향	9/18	1D	1W	1M	YTD	1Y
고객예탁금(십억 원)	52,097	-469	+217	-2,907	-17,557	-8,906
신용융자잔고(십억 원)	19,049	+109	-99	-176	-3,917	-6,408
MMF(십억 원)	153,509	+2,600	-6,168	-6,465	+15,523	+1,025
주식형 펀드자금(십억 원)	94,470		+986	-1,977	-1,431	+9,375
채권형 펀드자금(십억 원)	127,328	-78	-164	-455	-2,573	-4,537
혼합주식형 펀드자금(십억 원)	9,977	-2	+15	+23	+322	+525

글로벌 증시

주요지표(pt, %)	종가	1D	1W	1M	YTD	1Y
Dow	31,019.68	+0.64	-4.21	-7.97	-14.64	-10.31
NASDAQ	11,535.02	+0.76	-5.96	-9.21	-26.27	-23.32
S&P500	3,899.89	+0.69	-5.12	-7.77	-18.18	-12.03
VIX(변동성지수)	25.76	-2.05	+7.92	+25.05	+49.59	+23.79
유로 STOXX50	3,499.49	-0.02	-4.03	-6.19	-18.59	-15.29
영국 FTSE100	7,236.68	+0.00	-3.16	-4.15	-2.00	+3.92
독일 DAX30	12,803.24	-0.49	-4.47	-5.47	-19.40	-17.35
프랑스 CAC40	6,061.59	-0.26	-4.29	-6.68	-15.26	-7.74
러시아 RTS	1,272.66	-0.19	-0.63	+8.72	-20.25	-27.07
중국 상해종합	3,115.60	-0.35	-4.49	-4.37	-14.40	-13.79
홍콩 항셍지수	18,565.97	-1.04	-4.11	-6.10	-20.65	-25.50
홍콩 H	6,338.30	-1.28	-4.37	-5.68	-23.04	-29.11
일본 NIKKEI225	27,567.65	+0.00	-3.41	-4.71	-4.25	-9.61
호주 S&P/ASX200	6,719.92	-0.28	-3.51	-5.55	-9.73	-9.24
인도 SENSEX30	59,141.23	+0.51	-1.62	-0.85	+1.52	+0.21
인도네시아 자카르타	7,195.49	+0.37	-0.81	+0.32	+9.33	+17.32
베트남	1,205.43	-2.32	-3.54	-5.02	-19.55	-10.88
브라질 보베스파	111,823.89	+2.33	-1.40	+0.29	+6.68	+0.35
멕시코 볼사	46,793.59	+0.05	-2.23	-3.45	-12.16	-6.80

국내 섹터별 (KOSPI)

WICS level1 (pt, %)	종가	1D	1W	1M	YTD	1Y
에너지	4,738.54	-1.19	-5.60	-9.13	-10.47	-16.87
소재	4,138.48	-1.85	-2.35	-3.25	-6.19	-20.39
산업재	1,736.21	-1.22	-3.01	-8.99	-10.31	-20.78
경기소비재	3,081.46	-0.65	-1.05	-0.03	-14.76	-21.43
필수소비재	4,473.61	-0.29	-0.26	-4.65	-8.00	-14.66
건강관리	4,768.53	-1.49	-5.26	-12.65	-24.92	-37.62
금융	1,279.84	-0.51	+1.09	-4.48	-15.30	-17.98
IT	2,382.01	-0.61	+0.38	-7.32	-28.17	-23.98
통신서비스	348.74	-2.00	-3.90	-11.62	-40.00	-39.73
유틸리티	751.88	+0.85	-2.63	-10.12	-6.93	-4.96

미국 섹터별 (S&P500)

GICS level1 (pt, %)	종가	1D	1W	1M	YTD	1Y
에너지	596.73	+0.08	-4.26	-1.14	+41.16	+61.61
소재	464.26	+1.63	-5.96	-6.67	-18.50	-8.74
산업재	761.79	+1.33	-5.70	-8.70	-14.88	-9.98
경기소비재	1,253.01	+1.34	-4.16	-4.88	-22.21	-14.74
필수소비재	745.24	+0.66	-3.39	-6.70	-7.38	+0.96
건강관리	1,473.11	-0.54	-3.53	-4.80	-10.39	-4.70
금융	553.57	+1.12	-3.57	-4.57	-14.84	-11.09
IT	2,270.06	+0.82	-6.87	-12.34	-25.70	-16.78
통신서비스	176.82	+0.44	-6.43	-10.18	-33.89	-36.81
유틸리티	381.08	+1.32	-3.48	-3.13	+4.78	+13.72

있고, 신용융자잔고를 통해 신용을 써서 주식거래를 하는 투자자들이 증가했는지 아닌지 파악할 수 있기 때문입니다.

외국인 자금이 늘면 한국 증시가 상승할 것으로 기대하는 외국인 투자자가 늘었다는 의미이고, 신용을 써서 주식거래를 하는 투자자들이 증가했다는 것은 시장 상승을 예상하고 배팅한 사람이 많다는 뜻이죠.

② 시황 분석 및 해설: IBK투자증권 〈Start with IBKS〉

교보증권의 〈Daily Market Monitor〉가 전날 시황 관련 데이터를

보기 좋게 잘 정리한 리포트라면, 시장상황에 대한 해설이 잘 된 리포트는 IBK투자증권의 〈Start with IBKS〉입니다. 직접 리포트들을 비교해보면 느끼겠지만, 전날 시황의 핵심을 이해하기 쉬운 언어로 전달하는 증권사 리포트는 드물고 대부분 굉장히 읽기 불편한 요약 수준에 그쳐요. 하지만 IBK투자증권의 〈Start with IBKS〉는 핵심 내용에 대한 전달력이 뛰어난 편이라 상대적으로 읽기 편할 거예요.

③ 증권사의 관점이 드러나는 브리핑: 하이투자증권 〈시소들: 시장의 소리를 들어라〉

하이투자증권의 〈시소들: 시장의 소리를 들어라〉는 증권사의 투자 관점이 확실하게 드러나는 모닝 브리핑이라고 할 수 있어요. 옆의 큐알코드를 통해

시장의 소리를 들어라

하이투자증권 DGB

[시황] 이웅찬(2122-9188) wlee@hi-ib.com

2022-09-13

명절 연휴기간 글로벌 금융시장 압축 요약

- ECB가 정책금리를 75bp 인상했고 글로벌 금리는 상승했으나 ECB 정책의 영향은 전반적으로 크지 않았다
- 파월 의장 등 주요 인사의 매파적 발언이 이어졌지만 새로울 것은 없었고 나스닥 지수는 급등했다
- 중국 PPI 약세, 우크라이나 전황 변화가 있었고 이에 유로화가 강세 전환했다

8일(목) 아시아 세션을 이렇다할 추세 없이 마감한 글로벌 금융시장에서는, 유럽 세션 들어 ECB의 75bp 정책금리 인상 소식에 글로벌 금리 전반 상승했습니다. 파월 의장은 표면상으로는 강경한 발언을 이어갔으나 사실상 추가적인 긴축을 언급하지는 않았습니다. 이에 미국 세션에서 나스닥 지수는 등락을 거듭하다 결국 상승으로 마감했습니다.

9일(금) 아시아 세션에서는 달러 약세가 나타났습니다. 전일 ECB 금리 인상에도 불구하고 환 시장은 뚜렷한 추세 없이 방향을 모색하고 있었으나, 중국 생산자 물가지수가 전년대비 +2.3% 상승에 그쳐 디플레이션을 걱정해야 할 만큼 낮은 수치를 보이자 통화긴축 우려가 감소하며 큰 폭의 달러 약세가 나타났습니다.

당일 유럽/미국 세션에서는 시카고 연은 에반스 총재의 도비시한 발언이 시장에 안도감을 주었습니다. 세인트루이스의 불라드 총재와 클리블랜드 메스터 총재의 매파적 발언이 있었으나 새로울 것은 없었습니다. 전일부터 이어진 여러 우호적 상황에 힘입어 나스닥은 +2% 이상 급등했습니다. 테슬라, 메타 등 성장주의 상승폭이 컸습니다.

12일(월) 아시아 세션에서는 별다른 이슈는 없었고, 유럽/미국 세션에서는 우크라이나 전황 변화를 프라이싱하여 유로화 강세 달러 약세와 함께 커머디티 반등세가 나타났습니다. 다음 날의 CPI 기대감과 우크라이나 전황, 달러 약세 추이에 따라 주식시장은 상승세를 이어갔습니다.

연휴 기간 동안 영국 엘리자베스 2세 여왕이 서거하였고, 찰스 왕세자가 즉위했습니다. 지난 주 리즈 트러스로 수상이 바뀌자마자 국가원수도 바뀌는 정치적 격변 상황에 놓였습니다. 유럽 각국 에너지 장관이 모여 러시아 가스의 가격 상한제를 논의했으나 결론 도출에 실패했습니다. 여전히 국가간 입장 차이가 큽니다.

우크라이나가 동부전선에서 전격전을 펼쳐 하르키우 동쪽 지역을 단숨에 점령했습니다. 최근 들어 우크라이나가 전쟁에서 우위를 보이기 시작했지만, 공세는 남서쪽 헤르손 지역에 집중될 것으로 예상되었는데 동부전선을 급습한 우크라이나군의 기만술은 전장을 압도했습니다. 전황의 급변이 글로벌 시장의 게임 체인저가 될 수도 있겠습니다.

연휴 기간 글로벌 금융시장 주가 상승, 금리 상승, 유로화 강세

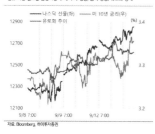

자료: Bloomberg, 하이투자증권

동부전선에서 큰 변화가 있었던 우크라이나 전황

자료: ISW, 하이투자증권

홈페이지에 접속하면 다양한 투자 정보를 확인할 수 있습니다. 증권사 상황에 따라 정보가 수시로 바뀌기에 〈시소들: 시장의 소리를 들어라〉 항목이 바뀔 수도 있어요. 이 사이트에서는 다양한 투자 정보를 제공하고 있으니, 자주 살펴봐주세요.

④ 주요 이벤트 체크: SK증권 〈Morning Call〉

 주요 이벤트가 잘 정리된 리포트는 SK증권의 〈SK Morning Call〉이에요. 2022년 3월 11일자 리포트를 보면 미국 주요 지수 발표 소식은 물론 국내 상장 일정까지 알려준다는 장점이 있어요.

Global Market	Today's Event	
미국 증시 - 인플레이션과 우크라이나 전쟁 우려에 하락	(미) 2월 소비자물가지수	· 안트로젠 산주상장(흡수합병)
· 미국 소비자물가가 40년 만에 최고치 경신하고 러시아와 우크라이나 협상 결렬되면서 하락	(미) 3월 미시건대 소비심리 평가지수 잠정치	· LG에너지솔루션, 코스피200 조기 편입 예정
· 다우존스 지수 -0.34%, S&P 500 지수 -0.43%, 나스닥 -0.95%	(미) 주간 신규 실업수당 청구건수	· 셀트리온 분식회계혐의 결론 발표 예정
유럽 증시 - ECB의 매파적 태도와 미국의 대러시아 제재 논의 속 하락	(유) 유럽연합(EU) 정상회담 개최 예정	· 디에이테크놀로지 추가상장(초상장자)
· ECB의 자산 매입 조기 종료와 미국의 러시아산 원유 수입 금지 방안 검토 소식에 하락 마감	(유) 유럽중앙은행(ECB) 기준금리결정	· 예선테크 보호예수 해제
· STOXX 600 -1.69%, 독일 DAX -2.93%, 프랑스 CAC40 -2.83%, 영국 FTSE100 -1.27%	(유) 2월 장기금리통계	· 씨티씨바이오 추가상장(BW행사)
중국 증시 - 뉴욕증시 훈풍에 힘입어 일주일 만에 반등	(한) 2월 국제금융/외환시장 동향	
· 러시아-우크라이나 협상 가능성에 국제유가 하락하고 미국 증시 상승하자 일주일만에 급반등	(한) KRX BBIG K-뉴딜지수 정기 변경	
· 상하이종합지수 +1.22%, 선전성분지수 +2.18%, 창업판지수 +2.67%	(한) 시가총액 규모별 지수 정기변경	
국내 증시 - 국제유가 상승세 진정되며 4거래일만에 상승	(한) 1월 국제수지(잠정)	
· 국제유가 급락과 미국-유럽 증시 급등 효과에 힘입어 코스피 4거래일만에 반등 성공	(한) 1월 가계지출	
· 수급별로 기관이 7666억원 순매수, 개인과 외국인은 각각 3531억원, 4289억원 순매도	(일) 1분기 대형제조업체 기업경기실사지수	

⑤ 알짜배기 정보: DS투자증권 〈뉴욕 한장〉

너무 바빠서 여러 증권사 홈페이지를 일일이 확인하기 힘들 때는

DS투자증권의 〈뉴욕 한장〉이 대안이 될 수 있어요. 1장 안에 주요 뉴스와 핵심 내용이 잘 정리되어 있기 때문이죠. 전날 미국 시장의 주요 뉴스는 물론이거니와, 다른 증권사에서는 잘 다루지 않는 알짜배기 정보들을 잘 짚어낸다는 강점이 있어요.

⑥ 이외 증권사 리포트: 한경컨센서스 홈페이지

 한경컨센서스는 국내외 증권사 리서치 보고서를 한데 모아놓은 곳이에요. 즉 검색어를 통해 원하는 정보와 관련된 리포트를 쉽게 찾을 수 있어요. 예를 들어 삼성전자와 관련된 리포트를 모아보고 싶다면 검색창에 '삼성전자'를 입력하여 삼성전자에 대해 작성한 증권사별 리포트들을 확인할 수 있습니다.

작성일	분류	제목	작성자	제공출처	첨부파일
2022-09-20	기업	삼성전자(005930) 부전이굴(不戰而屈)	박길현	유안타증권	
2022-09-16	산업	Green Industry - 삼성전자 RE100 가입 국내 재생에너지 산업 향...	한병화	유진투자증권	
2022-08-19	산업	반도체 -2030년 예들의 탄소중립 계획 vs. 삼성전자의 현황	한동희	SK증권	
2022-07-29	기업	삼성전자(005930) 장기 투자를 위한 저점 분할 매수 권고	송명섭	하이투자증권	
2022-07-29	기업	삼성전자(005930) 2H22 불확실성 확대	남대종,김광수	어베스트증권	
2022-07-29	기업	삼성전자(005930) 시험은 어렵지만 변별력은 높아진다	이승우	유진투자증권	
2022-07-29	기업	삼성전자(005930) 영업가치 소강 속 변화가 필요	김선우	메리츠증권	
2022-07-29	기업	삼성전자(005930) 3분기도 2분기 만큼	김운호	IBK투자증권	
2022-07-27	시장	수요 백터보 전술업 : 2022-16: 삼성전자는 뇌두라고	김수연	한화투자증권	
2022-07-11	기업	삼성전자(005930) 저렴 매수 지속 권고	고의영	하이투자증권	

큰 부자보다 일상이 행복한 찐 부자가 되도록

2022년 주식시장은 카오스 그 자체였습니다. 미국이 쏘아 올린 기준금리 공포탄에 주식 계좌가 어질어질한 분들이 많았을 겁니다. 시장이 안 좋다 보니 주식에 대한 관심도 뜸해지고 공부도 게을리했을 수 있습니다.

하지만 지난 역사에서 알 수 있듯이 영웅은 난세에 탄생합니다. 부자 역시 위기 때 만들어집니다. 자수성가형 부자들을 인터뷰해 보면 그들이 부자가 된 타이밍은 1997년 외환위기와 2008년 글로벌 금융위기 때입니다. 아이러니하게도 2022년 40년 만의 최악의 인플레이션으로 자산시장이 급격히 주저앉았지만, 과거 두 차례의 위기 때와 같은 두려운 위기는 아닙니다.

2020년 코로나19 때 주식을 시작한 분들은 헷갈릴 수 있습니다. 시장도 안 좋은데 지금 굳이 투자를 해야 할까? 저는 장기투자보다는 단기 트레이딩을 선호하지만, 장기 시계열에서의 상황 판단도 중요합니다. 짧게는 1년, 길게는 3년 이상을 볼 때 지금은 주식투자를 해야 할 타이밍이 맞습니다.

지금은 주식 책을 낼 시기가 아니라고 말하는 이들도 있습니다. 하지만 시장이 다 회복되고 너도나도 다시 주식시장에 뛰어들 때는 이미 늦었다고 할 수 있습니다. 남들이 외면할 때 시장에 희망이 없을 때 그때가 투자를 할 최적의 시기입니다.

얼마 전 어썸레터를 읽은 구독자들에게 경제적으로 성공한 순간을 물었습니다. 많은 이들이 '메뉴판을 보지 않고 음식을 주문할 때' '카드값 걱정을 하지 않고 생활할 때' '가격 신경 안 쓰고 원하는 걸 살 수 있을 때' 등이라고 대답했습니다.

어떻게 보면 우리가 원하는 경제적으로 행복한 삶이란 이런 것일지 모릅니다. 수십억, 수백억 원의 현금이나 빌딩을 바라는 것이 아니라 그저 크게 돈에 구애받지 않고 일상을 살아나가고 싶은 겁니다. 어쩌면 큰 부자보다도 일상이 행복한 부자가 찐 부자인 듯합니다.

마지막 바람은 이 책을 읽은 독자분들이 주식으로 하루에 1만 원을 벌고, 월급만큼 현금흐름을 창출하는 데 성공해 메뉴판을 꼼꼼히 보지 않고 그냥 먹고 싶은 음식을 시킬 수 있는 경제적 자유를 누렸으면 좋겠습니다. 큰 욕심 없이 딱! 이 정도만이라도 누릴 수 있는 독자분들이 늘어나길 기대합니다. _성선화

. . .

하나씩 배운다는 생각으로 글을 쓰다 보니 책을 집필하는 시간이 참 즐거웠습니다. 다만 이 책을 읽으면서 머리가 아픈 주식 초보자들이 많지 않았을까 하는 염려도 드는데요. 새롭게 배운 것도 많고, 공부해야 할 것도 많아 지레 겁을 먹은 이들도 있을 것 같습니다.

하지만 무슨 일이든 처음부터 완벽할 수는 없으니까요. 일단 이 책을 통해 기존에 가지고 있던 재테크에 대한 몇 가지 선입견을 내려놓는 것만 하더라도 이 책이 가진 목적의 절반 이상을 달성한 것이라 믿습니다. 더 이상 적금이 다가 아니라는 것, 주식투자가 무조건 위험하지는 않다는 것, 그리고 장기투자가 아닌 단기투자로도 돈을 벌 수 있다는 것을 인정하는 것만으로도 변화의 시작입니다. 이미 변화를 맞이하고 투자의 세계에 발을 담근 여러분들을 대환영합니다!

책에서 한 가지 전하지 못했던 메시지가 있습니다. 바로 책에 나온 대로 투자를 실천하기 위해서는 '절약'이 필수라는 건데요. 절약 없이는 투자금 확보가 불가능하기 때문입니다. 이 책에서 큰

규모의 종잣돈은 필요 없다고 했지만, 그래도 투자를 0원으로 시작할 수는 없으니 투자를 위해 절약이 중요한 건 맞습니다.

다만 이 책은 '절약'이 가진 한계를 극복하기 위해 쓰인 책이란 것을 다시 한번 강조하고 싶습니다. 내 수입이 정해져 있는 이상 아무리 아껴도 모을 수 있는 돈에는 한계가 있기 때문입니다. 그리고 이런 한계를 극복하게 해주는 것이 '투자'이고, 다른 투자들에 비해 누구나 비교적 가장 쉽게 접근할 수 있는 것이 '주식'입니다. 잘못 배우면 아주 힘들어질 수 있지만, 잘 배워두면 평생 써먹을 수 있는 나만의 든든한 경제적 무기가 되죠. 독자분들도 책에 나온 내용을 바탕으로 오늘부터 각자 자신만의 멋진 무기를 만들기 위한 기술을 연마해나갔으면 좋겠습니다.

혹시 책을 읽으면서 본인만의 멋진 연마 과정을 시작한 분이 계신다면 언제든지 네이버 카페 어썸월드(http://cafe.naver.com/alloga)로 오셔서 다양한 이야기를 들려주세요! 무엇이든 함께할 때 더 멀리, 더 오래 갈 수 있다고 믿습니다. 어썸인에서 여러 가지 스터디 모임(어썸타임, 미국 주식 라이브 방송) 등을 기획하고 있으니 멘토나 동지가 필요할 때 언제든 저희를 찾아주세요. 여러분과의 만남이 이 책이 끝이 아니길 바라며 글을 마칩니다. _황희경

주식으로 짠투자하라

초판 1쇄 인쇄 2022년 9월 30일 초판 1쇄 발행 2022년 10월 12일

지은이 성선화, 황희경
펴낸이 이승현

편집1 본부장 한수미
와이즈 팀장 장보라
편집 선세영
디자인 신나은

펴낸곳 ㈜위즈덤하우스 출판등록 2000년 5월 23일 제13-1071호
주소 서울특별시 마포구 양화로 19 합정오피스빌딩 17층
전화 02) 2179-5600 홈페이지 www.wisdomhouse.co.kr

ⓒ 성선화, 황희경, 2022

ISBN 979-11-6812-453-0 03320